PAIS GENTILMENTE NARCISISTAS
A VIOLÊNCIA SILENCIOSA DO DESAMOR

Editora Appris Ltda.
1.ª Edição - Copyright© 2024 da autora
Direitos de Edição Reservados à Editora Appris Ltda.

Nenhuma parte desta obra poderá ser utilizada indevidamente, sem estar de acordo com a Lei nº 9.610/98. Se incorreções forem encontradas, serão de exclusiva responsabilidade de seus organizadores. Foi realizado o Depósito Legal na Fundação Biblioteca Nacional, de acordo com as Leis nos 10.994, de 14/12/2004, e 12.192, de 14/01/2010.

Catalogação na Fonte
Elaborado por: Josefina A. S. Guedes
Bibliotecária CRB 9/870

S483p
2024
	Serfaty, Patricia
	    Pais gentilmente narcisistas: a violência silenciosa do desamor /
	Patricia Serfaty. – 1. ed. – Curitiba: Appris, 2024.
	    100 p. ; 21 cm. – (Coleção Saúde Mental).
	
	    Inclui referências.
	    ISBN 978-65-250-6602-8
	
	    1. Perversão narcísica. 2. Violência moral. 3. Indiferença parental.
	4. Psicanálise. I. Serfaty, Patricia. II. Título. III. Série.
	
	                                                    CDD – 150.195

Livro de acordo com a normalização técnica da ABNT

Appris
editora

Editora e Livraria Appris Ltda.
Av. Manoel Ribas, 2265 – Mercês
Curitiba/PR – CEP: 80810-002
Tel. (41) 3156 - 4731
www.editoraappris.com.br

Printed in Brazil
Impresso no Brasil

Patricia Serfaty

PAIS GENTILMENTE NARCISISTAS
A VIOLÊNCIA SILENCIOSA DO DESAMOR

Appris
editora

Curitiba, PR
2024

FICHA TÉCNICA

EDITORIAL
Augusto Coelho
Sara C. de Andrade Coelho

COMITÊ EDITORIAL
Ana El Achkar (Universo/RJ)
Andréa Barbosa Gouveia (UFPR)
Antonio Evangelista de Souza Netto (PUC-SP)
Belinda Cunha (UFPB)
Délton Winter de Carvalho (FMP)
Edson da Silva (UFVJM)
Eliete Correia dos Santos (UEPB)
Erineu Foerste (Ufes)
Fabiano Santos (UERJ-IESP)
Francinete Fernandes de Sousa (UEPB)
Francisco Carlos Duarte (PUCPR)
Francisco de Assis (Fiam-Faam-SP-Brasil)
Gláucia Figueiredo (UNIPAMPA/ UDELAR)
Jacques de Lima Ferreira (UNOESC)
Jean Carlos Gonçalves (UFPR)
José Wálter Nunes (UnB)
Junia de Vilhena (PUC-RIO)

Lucas Mesquita (UNILA)
Márcia Gonçalves (Unitau)
Maria Aparecida Barbosa (USP)
Maria Margarida de Andrade (Umack)
Marilda A. Behrens (PUCPR)
Marília Andrade Torales Campos (UFPR)
Marli Caetano
Patrícia L. Torres (PUCPR)
Paula Costa Mosca Macedo (UNIFESP)
Ramon Blanco (UNILA)
Roberta Ecleide Kelly (NEPE)
Roque Ismael da Costa Güllich (UFFS)
Sergio Gomes (UFRJ)
Tiago Gagliano Pinto Alberto (PUCPR)
Toni Reis (UP)
Valdomiro de Oliveira (UFPR)

SUPERVISORA EDITORIAL
Renata C. Lopes

PRODUÇÃO EDITORIAL
Bruna Holmen

REVISÃO
Bruna Fernanda Martins

DIAGRAMAÇÃO
Ana Beatriz Fonseca

CAPA
Kananda Ferreira

REVISÃO DE PROVA
Bruna Santos

COMITÊ CIENTÍFICO DA COLEÇÃO SAÚDE MENTAL

DIREÇÃO CIENTÍFICA
Roberta Ecleide Kelly (NEPE)

CONSULTORES
Alessandra Moreno Maestrelli (Território Lacaniano Riopretense)

Ana Luiza Gonçalves dos Santos (UNIRIO)

Antônio Cesar Frasseto (UNESP, São José do Rio Preto)

Felipe Lessa (LASAMEC - FSP/USP)

Gustavo Henrique Dionísio (UNESP, Assis - SP)

Heloísa Marcon (APPOA, RS)

Leandro de Lajonquière (USP, SP/ Université Paris Ouest, FR)

Marcelo Amorim Checchia (IIEPAE)

Maria Luiza Andreozzi (PUC-SP)

Michele Kamers (Hospital Santa Catarina, Blumenau)

Norida Teotônio de Castro (Unifenas, Minas Gerais)

Márcio Fernandes (Unicentro-PR-Brasil)

Maria Aparecida Baccega (ESPM-SP-Brasil)

Fauston Negreiros (UFPI)

AGRADECIMENTOS

À minha querida avó Djanira Fasuolo, meu ambiente facilitador e fonte inesgotável do afeto vivenciado no paraíso de minha primeira infância.

À minha amiga Vera Dytz, pelo cuidado com meus filhos, minha rede de apoio para que eu pudesse focar no meu desenvolvimento acadêmico.

Ao meu parceiro, Luis Antônio Eisenberg, pelo apoio e escuta incansáveis.

A todos os amigos que me apoiaram e acolheram nesse processo difícil de escrita durante o período de isolamento social.

A André Martins, pela parceria acadêmica, afinidade teórica e construção de um espaço acolhedor e confiável, favorecendo a criatividade e produção do conhecimento.

À minha orientadora, Marta Rezende Cardoso, por sua dedicação, comprometimento, disponibilidade e apoio nos momentos de desalento.

À Capes, pelo apoio financeiro à pesquisa de mestrado da qual deriva o presente trabalho.

Ao Programa de Teoria Psicanalítica da UFRJ, por ter acolhido minha pesquisa e proporcionado essa oportunidade de aprimoramento educacional e pessoal.

À minha herança cultural, provimento ambiental de potência e confiabilidade, solo do aprendizado de que é possível permanecer humano após ser atravessado pelo mal.

APRESENTAÇÃO

O presente livro tem por objetivo explorar certos aspectos relativos à problemática da violência moral, pretendendo melhor compreender algumas de suas modalidades. O foco maior desta investigação se dirige à violência exercida de maneira silenciosa e encoberta, em particular, no contexto da família. Para realizar esta investigação apresentamos inicialmente uma sintética reflexão sobre alguns dos elementos implicados na noção de perversão narcísica, tendo como base as contribuições de Paul Claude Racamier, complementadas por outros autores que se dedicaram ao estudo da questão. A partir dessa reflexão foi possível indicarmos subsídios teóricos importantes concernentes às determinações próprias ao modo patológico de relação estabelecido com o objeto, característico das perversões narcísicas, entendendo-as a partir de sua vertente de violência moral.

A dimensão do narcisismo tem especial relevância nas situações marcadas pela violência moral, e que nos interroga sobre o caráter precário do funcionamento psíquico desses sujeitos já no plano dos primórdios de sua constituição psíquica. Esse processo foi objeto de uma apreciação teórica para nela pontuar, no quadro clínico analisado, a noção de recusa da alteridade do outro como estratégia-limite de preservação narcísica por meio do ódio/indiferença dirigida ao objeto. Foi examinada então a questão da violência exercida por parte do cuidador quando esta comporta ausência de investimento no *infans*. Trata-se de uma atuação de caráter perverso, que se dá pela via da indiferença, por uma velada negligência, a qual implica o apagamento silencioso da criança.

PREFÁCIO

O primeiro mérito do livro Pais gentilmente narcisistas: a violência silenciosa do desamor, de Patrícia F. Serfaty, é o de tocar em um tema tabu, o do (des)amor materno. Trata-se de um tema delicado de ser abordado por diversas razões, a primeira delas certamente é o fato de que uma análise crítica sobre a importância dos cuidados iniciais dedicados ao bebê facilmente se confunde com uma crítica moral às mães.

O pai tem papel importante nos primeiros meses de vida do bebê, sob diversos aspectos: proteção da mãe, proteção portanto da díade mãe-bebê, compartilhamento ou mesmo assunção do papel de primeiro cuidador, primeira identificação do bebê externa à díade mãe-bebê, etc. A importância do primeiro cuidador nesses primórdios da vida psíquica, no entanto, será incontornavelmente maior para o favorecimento do amadurecimento psíquico e emocional do bebê, e portanto para sua saúde psíquica atual e futura. Seja quem for o cuidador principal, caberá a este, dentre todas as pessoas que contribuem direta ou indiretamente para os cuidados do bebê recém-nascido, do bebê e da criança, a participação psiquicamente mais relevante no vetor resultante da formação da nova pessoa. Pode ser um pai participativo. No Brasil, com o crescimento do bebê, muitas vezes as avós, maternas ou paternas, assumem esta função. Mas, sobretudo nos primeiros meses, o papel de primeiro cuidador, na imensa maioria das vezes, fica mesmo por conta da mãe, biológica ou adotiva. Analisar as influências desses primeiros cuidados para o futuro da criança, portanto, toca na delicada questão do papel da mãe nesses primórdios da vida psíquica. E essa análise muitas vezes é confundida com a cobrança de um suposto papel natural da mãe, uma pretensa responsabilidade moral em exercer, e exercer bem, esse papel, resultando em uma pressão que decorre dessa cobrança e um julgamento do desempenho materno, com frequência incidindo em uma condenação moral. Não é o caso do livro de Serfaty.

Se, antigamente ou ainda hoje, nas famílias com muitos filhos, os mais velhos, ainda crianças, com frequência acabam por serem os responsáveis por cuidar dos irmãos mais novos, em muitas famílias pouco numerosas, ou numerosas porém abastadas, os cuidados dos bebês e das crianças ficam a cargo de babás, enfermeiras, e à medida em que a criança vai crescendo, é terceirizado para cursos e atividades mis. Não necessariamente essa terceirização dos cuidados implicará em uma distância afetiva, mas com certa frequência sim. Serfaty analisa os efeitos de quando é o caso: do desamor gentil, de um narcisismo comum silencioso, da negligência, da falta de disponibilidade e dedicação.

Winnicott, um dos autores estudados por Serfaty, nos mostra que no início a dependência psíquica do bebê é tamanha que não podemos propriamente dizer que existe o bebê, mas sim a unidade mãe-bebê, onde mãe significa o cuidador principal, que, quando possível, se adapta e se dedica aos cuidados do bebê. Essa adaptação nunca é total ou absoluta, seria impossível ser; e aí incide um primeiro problema no que tange às expectativas sociais que pesam sobre as mães: elas próprias tendem a se cobrar que sejam perfeitas. Não existe essa perfeição, e muitas vezes em resposta à expectativa social partem para o extremo oposto, insurgindo-se contra tal cobrança centrando-se em si mesmas independentemente de seus bebês ou filhos pequenos. Pensam em si como detentoras de direitos que não podem ser retirados pela sociedade, que não devem sofrer ingerência externa, e não cederão em sua autonomia. Em suma, opõem, por reação à injusta, machista e colonial pressão social em prol de um papel materno naturalizado, rígido e aprisionador, uma liberdade reativa que rejeita e repele o papel do cuidado ao bebê. Muitas vezes por conta de uma depressão pós-parto, ou por uma psicose pós-parto, algumas vezes, preventivamente, por receio de se recair em uma depressão ou descontrole. Parece ser comum o sentimento de culpa das mães, que gostariam de ter sido melhores, mais presentes, que não suportam o fardo – social e/ou introjetado por elas mesmas – de não terem sido perfeitas.

Dentre essas "imperfeições" está a negligência, a ausência afetiva, a ambivalência e o doble-bind (amar como sentimento consciente e idealizado, irritar-se e indisponibilizar-se como sentimento profundo e real), a terceirização dos cuidados, a falta de atenção, a invisibilidade do bebê e da criança. Winnicott nos mostra que há duas maneiras de o ambiente primário ser hostil: por invasão ou por ausência. Invasão, por exemplo: violência física, bater, espancar, mas também gritar, ou simplesmente impor, coagir, cercear, impedir a autonomia do bebê ou da criança, dizer-lhe sempre o que ela deve fazer ou fazer por ela. Ausência: abandono, ou simplesmente ausência ou distância afetiva, indisponibilidade, indiferença, ausência de acolhimento real, de escuta. Com uma certa frequência, embora a princípio opostos, esses dois tipos de hostilidade ocorrem conjugados: por uma falta de disponibilidade, para "não ter trabalho", agride-se moralmente com comentários, ou pela cumplicidade até mesmo em relação a abusos físicos e sexuais de terceiros, eventualmente também com gritos e violências físicas. Outras vezes, lares funcionais e aparentemente amorosos encobrem a violência da indisponibilidade afetiva.

Serfaty tem como objeto de análise a indiferença, a negligência e a violência moral de pais contra os filhos, e seus efeitos deletérios para o psiquismo destes. O conceito que se impõe neste contexto é o de perversão narcísica. Mães e pais podem ser narcisistas com suas filhas e filhos. Se podemos em linhas gerais definir a perversão em uma pessoa primeiramente como uma (de)negação de sua própria não onipotência, o que leva o perverso a usar cruelmente – ainda que o negue para si mesmo – como um objeto para seus fins, o adjetivo narcísica acrescenta que a perversão e o uso do outro como objeto em geral se dá para nutrir uma imagem de si que negue, por sua vez, os elementos de sua própria autoimagem dos quais a pessoa se envergonha, justamente por lembrar-lhe sua não perfeição. Pais gentilmente narcisistas a princípio o são porque perversamente precisam alimentar para si a imagem de que são bons pais, pois se preocupam com que seus filhos sejam bem formados, tenham sucesso cognitivo ou neuropsíquico, uma saúde física perfeita, uma saúde mental idealizada sem falhas, um sucesso profissional e material imaculado. Tal postura nega a alteridade do filho e sua existência autônoma, independentemente de qualquer desejo fantasioso dos pais, de qualquer função pragmática ou simbólica que exerçam para o filho. Como o filho ou a filha é singular, e se forma não como o resultado de inputs calculados, mas de uma interação afetiva com o outro e com o ambiente, e como para toda criança o ambiente é inicialmente o cuidador principal e em seguida o núcleo familiar, a falta de afetividade, atenção e acolhimento se tornam formas de uma violência silenciosa que tende a ser traumática.

O narcisismo gentil é particularmente silencioso, invisível, não passível de provas, podendo, por conseguinte, levar o alvo, sobretudo se for uma criança ou um adolescente, a questionamentos torturantes sobre seu próprio valor, e a uma falta de confiança no outro e na vida. Trata-se de um ódio, da parte do narcisista, primeiramente contra si mesmo, por não ter correspondido à expectativa de seus pais, ter perdido seu lugar de ego ideal, ódio a si que é uma maneira de desviar o ódio sentido contra os próprios pais. Proteger os pais é uma forma de tornar suportável o ódio recebido em nome do amor, justificando-o, tornando-o assim "bom" ou "necessário" – "para o seu bem". Esse ódio a si, desvio e ocultamento do ódio aos pais, é também, por sua vez, insuportável, sendo assim inconscientemente desviado para os filhos, numa repetição (legitimadora) da ação parental. O narcisismo e a perversão narcísica perpetuam assim um ódio transgeracional, naturalizado, "bem intencionado", sutil, sem traços palpáveis, depressor, psiquicamente devastador. A repetição de um trauma atuado e atualizado a cada geração, através da transmissão de uma destrutividade que é denegada tanto em sua recepção dos pais quanto em sua passagem aos filhos.

Se a importância real dos cuidados na primeira infância fosse reconhecido socialmente, certamente tornar-se-ia interesse de todos haver um maior suporte para as mães (e outros cuidadores principais, quando acontece de não ser a mãe) – sem cobrança pessoal, com mais apoio, um maior número de creches, de formação e especialização de pessoal de apoio psicológico, formas de apoio material.... E sobretudo um maior apoio no imaginário das pessoas, das próprias famílias, companheiros etc. A manutenção do "lugar sagrado" da mãe, ao contrário do que possa talvez parecer a princípio, se mistura com um comodismo social, masculino e perverso, de retirar do todo da coletividade, e sobretudo dos homens, a participação neste crucial momento da vida de todo bebê. "Elogiemos as mães, e que elas se virem sozinhas para corresponder ao elogio feito!" – parece lhes ser dito.

Em síntese, o livro de Patrícia Serfaty é de total atualidade e interesse para o campo da psicanálise, tanto teórica quanto clínica, e da psicologia em geral, como também para todo leitor desejoso de melhor compreender os meandros do funcionamento psíquico do ser humano, sobretudo no que diz respeito a esse tema tão fundamental quanto delicado que é o da maternidade e dos cuidados parentais.

André Martins

SUMÁRIO

INTRODUÇÃO 19

CAPÍTULO 1
PERVERSÃO NARCÍSICA: UMA INTRODUÇÃO 25

I.1 – Histórico da noção de perversão narcísica 26

I.2 – O perverso narcísico na relação com o outro 34

I.3 – As falhas no plano da relação primária......................................40

I.4 – A sedução narcísica 42

CAPÍTULO 2
NARCISISMO E ALTERIDADE:
O ENCONTRO PRIMORDIAL COM O OUTRO 45

II.1 – Encontro primordial com o outro 46

II.2 – Mutualidade e continuidade da existência.................................49

II.3 – A experiência subjetiva da maternidade e seus destinos.............52

II.3.1 – A verdade inconsciente transmitida ao filho..................56

II.4 – O narcisismo na base da perversão narcísica..............................61

CAPÍTULO 3
A INDIFERENÇA DO OUTRO PARENTAL:
UMA FIGURA DA VIOLÊNCIA MORAL...................................... 65

III.1 – Desencontro e alteridade: violência moral de "pais gentilmente narcísicos"...68

III.1.1 – Uma ilustração...70

III.2 – A vivência de indiferença e suas implicações.............................73

III.3 – A dimensão narcísica no âmago da violência familiar insidiosa 75

III.4 – O trauma da indiferença no ambiente da família 79

CONSIDERAÇÕES FINAIS
DO QUE SE TRATA A VIOLÊNCIA DE PAIS GENTIS?.................... 85

REFERÊNCIAS 93

INTRODUÇÃO

O presente livro surgiu de interrogações acerca da origem de determinadas modalidades de violência. A proposta de realizar uma pesquisa teórica a partir do referencial psicanalítico me levou até o Programa de Teoria Psicanalítica da UFRJ, com o intuito de me debruçar mais detidamente sobre a temática ampla e complexa da violência.

Ao iniciar essa investigação, nosso incômodo se situava na existência de uma modalidade de violência da qual não podemos nos defender, pois a dificuldade em detectá-la consiste no fato de não estar atrelada especificamente a atos caracterizados por agressividade, tratando-se de formas mais silenciosas de exercício de violência. Essas modalidades de violência não se manifestam unicamente por meio de atos, mas na negligência, no abandono e na indiferença que instauram, nos sujeitos que as sofrem, um sentimento de insignificância e desamparo.

A variedade de espaços em que essas modalidades de violência se disseminam sem nenhuma intervenção contrária ou combativa se dá em razão, entre outras determinações, da dificuldade de reconhecimento dessa agressão indireta, silenciosa e invisível que faz com que seus prejuízos psicológicos não sejam dimensionados, muitas vezes, nos sujeitos que são vítimas das referidas agressões. O desmentido da violência sofrida atua como perpetuador do trauma que se hospeda naquele que a sofre como um residente permanente. A partir de muitas reflexões e leituras que viemos a realizar em vários campos do saber, o que nos atravessa é a constatação de que não se pode efetivamente erradicar a violência, pois ela pode sempre ganhar novas faces e formas de se expandir. Talvez nos seja possível apenas sermos atravessados pelo "mal" sem perdermos nossa própria humanidade.

Vitor Hugo, autor de obras célebres da literatura e da dramaturgia francesa, foi um dos primeiros autores que nos iniciaram na reflexão acerca da "malignidade" presente nas relações humanas e no campo social. Em várias de suas produções literárias, esse autor se debruça sobre o mal que não pode ser vencido ou superado e que esteriliza a felicidade futura. Em sua obra *Os Miseráveis*, ambientada na França do século XIX, ele retrata dilemas morais intemporais vividos por seus personagens diante do mal-estar oriundo de opressão social e injustiças numa sociedade em que o mal se revela exitoso. Nesse caso, o triunfo do mal resulta, portanto, de sua invisibilidade e naturalidade social.

Conforme atesta Birman (2009), em *Cadernos do mal*, no qual esboça cenários marcados por novas configurações da violência e a forma como tais experiências afetam o psiquismo, o mal existe de fato, não havendo, no que concerne a isso, nenhuma dúvida, pois vivemos em um mundo que não cessa de promover situações de desamparo. Examinando o campo social constata-se como a violência pode se mostrar aderida ao cotidiano, tornando-se imperceptível e aceitável, o que faz com que se perca sua dimensão de profundidade.

Nosso estudo visa lançar luz nas situações caracterizadas por microviolências, não no sentido de serem violências pequenas, sem importância, mas no sentido da dimensão de invisibilidade de certas formas de agressão. O exercício da violência não se apresenta unicamente no extremo da brutalidade, mas, muitas vezes, na omissão, na negligência, na conivência, na indiferença por parte do outro. Nosso foco é a violência moral e, particularmente, a maneira como isso se dá na esfera da família. Nosso aporte teórico é a Psicanálise e, nesse contexto, a noção de perversão narcísica será objeto de especial investigação. Salientamos a questão da vulnerabilidade psíquica e do estado de desamparo subjetivo do sujeito cujo destino das intensidades pulsionais pode resultar, como resposta psíquica extrema, na perversão moral. A partir dessa perspectiva de análise, buscamos explorar o que estaria na base do funcionamento psíquico daquele que exerce essa modalidade de violência, com o objetivo de contribuir para a compreensão do fenômeno da violência moral exercida no campo familial, dando ênfase à dimensão e ao papel do registro de indiferença que se encontra aí implicado.

A título de introdução de nossa reflexão trataremos da noção de perversão narcísica e da construção da lógica perversa como um dos possíveis destinos psíquicos no funcionamento do sujeito como resposta defensiva à presença de uma intensidade pulsional interna não administrável, traumática, modo de funcionamento defensivo que tende a se fixar no fechamento em si, narcísico, e, portanto, na negação da alteridade. Consideramos a vida interior de agressores insidiosos, que não se sensibilizam com os danos psíquicos impostos e causados ao outro, como ancorada num modo relacional patológico, reveladora da presença insistente no psiquismo dos referidos sujeitos, de um potencial traumático.

A problemática da violência moral nutre inquietações, uma vez que tais agressões raramente podem ser detectadas no entorno, deixando a vítima sem condições de nomear seu mal-estar e de tomar ações para defender-se. Naquele que é maltratado mediante esse tipo de violência, pode vir a se instalar ainda um sentimento de derrota. Isso se dá, em grande parte, devido à impossibilidade de reconhecimento da agressão pelos demais, e, consequentemente, devido à negação do sentimento de justiça como direito que estaria assegurado àquele que sofre a violência.

A existência de incontáveis filmes e séries em torno da personalidade narcisista revela o fascínio que exerce sobre as pessoas, muito provavelmente devido aos efeitos sedutores produzidos em razão da habilidade do sujeito narcisista. Haveria uma tendência a buscar entender o que os move e uma tentativa de humanizá-los buscando em suas bases traumáticas uma justificativa para seu comportamento patológico. O funcionamento psíquico do perverso narcisista parece se empenhar em sustentar uma ideia supervalorizada de si mesmo, buscando assumir uma imagem idealizada, de grandiosidade. Toda perversão narcísica repousa tanto numa afirmação quanto numa negação: a afirmação de si e a negação do outro por meio da negação de uma parte de si mesmo.

O primeiro capítulo de nossa obra consiste numa apresentação sintética da noção de perversão narcísica a partir de um breve histórico dessa noção e de seu desenvolvimento. Buscamos, assim, incrementar a compreensão da lógica perversa e do desempenho do sujeito num contexto em que a violência é exercida, inicialmente, de forma despercebida. A investigação desses aspectos relativos a esse tema se dá por intermédio de breve análise das contribuições de Paul Claude Racamier, as quais oferecem subsídios teóricos, como ponto de partida, para pensarmos a noção de perversão narcísica e o modo patológico de relação com o outro nesse quadro, tanto no que diz respeito à sua relação com o objeto quanto ao modo como tende a deformar a realidade, adulterando o sentido de suas palavras e atos de maneira a não perder seu domínio e controle sobre ele. Abordaremos igualmente o aporte teórico de outros autores que, posteriormente, trouxeram contribuições para a evolução da referida noção.

No segundo capítulo pomos em destaque, em linguagem linear, o lugar do conceito de narcisismo no âmbito da perversão narcísica e como se dá o funcionamento desses sujeitos no que concerne ao caráter precário no plano de sua constituição psíquica. O objetivo deste capítulo consiste em salientar a falência narcísica nos casos de perversão moral, tendo em vista a precariedade revelada num movimento de regressão psíquica que tem lugar no psiquismo desses sujeitos, o que se traduz no processo de seu ego tender a expulsar violentamente o que é não-eu: modo de exclusão concernente à recusa da alteridade do outro como estratégia-limite de preservação narcísica por meio do ódio/indiferença dirigida ao objeto.

Nesse ponto de nossa investigação, buscamos sublinhar os possíveis destinos que resultam da invasão de intensidades pulsionais no psiquismo desses sujeitos considerando-se a articulação entre aspectos narcísicos e alteritários no encontro primordial com o outro e com sua alteridade inconsciente. Em vista disso, procuramos examinar a questão da constituição do narcisismo primário, entendendo-a como associada à função materna com o intuito de destacar um dos possíveis destinos psíquicos da criança a partir de sua relação com o objeto primário, no que se refere à relação com o outro, em especial no encontro fundamental próprio à díade mãe-bebê.

Buscaremos desvelar os elementos que estariam na base da perversão narcísica, no caso do objeto/mãe (cuidador principal que exerce a função materna) quando impossibilitada de assumir o lugar do cuidado de seu filho. Mesmo não perdendo de vista a dimensão singular por meio da qual são elaboradas as saídas do sofrimento psíquico, nosso olhar se volta para a questão da ausência de investimento do cuidador vivenciada pelo bebê, tendo a precariedade dos cuidados parentais como ponto de partida para pensarmos as falhas na constituição narcísica do sujeito e suas implicações.

O terceiro capítulo deste livro tem como foco central aprofundar a problemática da violência materna/cuidador principal por via da indiferença, conforme iniciado no capítulo anterior. Nesse ponto da pesquisa, trata-se de conceder particular relevo à singularidade do psiquismo materno. Procuramos melhor entender o que caracterizaria a dimensão própria ao infantil em sua vida psíquica como fator de base em sua impossibilidade de exercer uma relação de cuidado do filho, sendo a indiferença a modalidade de violência por ela atuada. Nesse capítulo procuramos evidenciar elementos concernentes à falta de interesse e à negligência constante atuada por parte de pais "gentilmente" violentos. Nesse sentido, temos por objetivo explorar a questão da ausência de investimento afetivo como agenciadora de uma dimensão de violência brutal, que imprime falta de valor e o apagamento silencioso do outro. Ancorados fortemente no aporte teórico de Nicole Jeammet, sublinhamos a violência moral de pais "gentilmente narcisistas", por meio da qual a suavidade da violência exercida, cuja base seria a ausência de interesse no outro, gera profunda confusão nos sujeitos agredidos, assim como naqueles que se encontram no seu entorno.

Propomos que a indiferença do outro materno possa ser considerada como promotora de graves impedimentos de a criança poder vir a construir percepções reais por não poder contar com um ambiente seguro e confiável, no qual se sentiria amada e aceita pelos pais. A indiferença aqui mencionada se apresenta como experiência vivenciada nos primórdios da constituição psíquica podendo ser compreendida como ausência da condição de ajuda alheia, uma ferida aberta que o sujeito tende a experimentar como incapacitante quanto à qualidade de sua existência psíquica.

CAPÍTULO 1

PERVERSÃO NARCÍSICA: UMA INTRODUÇÃO

O estudo da perversão narcísica conjuga a problemática da perversão e a do narcisismo. Como veremos, a perversão nos interroga sobre a questão de defesas narcísicas que visam garantir ao sujeito a imunidade de suas angústias e dores psíquicas, o que se dá por meio de constantes ataques à existência do outro, tendo como condição a desvalorização de sua vítima. Tal modalidade de ato perverso se exerce em vários cenários.

A questão que se coloca como enigma é o que levaria esses sujeitos a subverter as relações humanas, desfalcando as regras sociais. Um aspecto relevante a ser considerado é a significação da noção de perversão narcísica, empregada para qualificar a instrumentalização do humano e todos os empreendimentos de dessubjetivação que ela implica. Tendo como base o referencial da psicanálise, nosso objetivo é abordar a noção de perversão narcísica, a qual tem sido objeto de redefinições levando a concebê-la como equivalente à perversão moral (Eiguer, 2014).

Considerado como autor particularmente expressivo no estudo desse tema, Racamier (1986) propõe a definição do perverso narcísico como indicativa daquele sujeito que se faz valer de sua singularidade e valor em detrimento do reconhecimento da existência do outro. Aquele autor sustenta que se trata de uma patologia relacional que consiste na supervalorização de si mesmo à revelia do objeto. Esse foi o ponto de partida de uma elaboração da referida noção com novas contribuições e descobertas cujo objetivo foi identificar a manifestação de manipulações psíquicas dessa afecção, que deve ser explorada considerando o guarda-chuva de temas que essa noção nos apresenta tanto na clínica como no espaço da família, do trabalho e na cena social.

I.1 – Histórico da noção de perversão narcísica

No campo da Psicanálise, a noção de perversão narcísica foi descrita inicialmente por Racamier (1986) como modalidade particular de perversão, descrita na sua publicação de 1987 – *De la perversion narcissique* – e na de 1992 – *Pensée perverse et décervelage* –, em que sustenta que o movimento perverso narcísico se define essencialmente como forma organizada de o ego se defender de todas as dores e conflitos internos, na tentativa de expulsá-las e incubá-las em outro lugar, tudo isso em prol de sua supervalorização e aniquilamento do valor do outro (Racamier, 1986).

A construção dessas ideias contou com novas contribuições e constatações as quais permitiram identificar a manifestação de manipulações psíquicas por parte dos sujeitos perversos narcísicos, exercidas em diversos contextos. O referido autor especificara, naquela ocasião, que não se tratava de descrever uma nova entidade clínica ou psiquiátrica. Defendia tratar-se de uma modalidade de perversão que não é sexual, mas moral; não erótica, mas narcísica. As perversões narcísicas se situariam, portanto, na sucessão diferida das seduções narcísicas inesgotáveis, que não teriam jamais sido concluídas e tampouco abandonadas ou assumidas, mas que teriam permanecido inacabadas (Racamier, 1992). Como veremos adiante, os sujeitos em questão exercem a negação e expulsão de todo conflito interior. Comprazem-se com a economia do trabalho psíquico cuja conta, a partir de seu vivido subjetivo, deverá ser paga pelo outro. Segundo Racamier (1986/2012, p. 12), "sua performance realiza, de uma só vez, tanto uma recusa quanto uma caricatura das origens".

Nesse tipo de funcionamento psíquico, o sujeito parece ter a pretensão de se encontrar na origem de si mesmo, estando si mesmo, para si, na origem de tudo... e de tudo na origem do nada. De acordo com essa posição, esse tipo de afecção revela uma existência sob colapso, suposta como tendo sido produzida pela angústia narcísica de um eu prestes a se perder de si mesmo.

Acompanhando a narrativa de Racamier (1986/2012, 1987, 1992) somos levados a considerar que o sujeito perverso vê-se fascinado pela magia de sedutor hábil, vestindo-se com as mais reluzentes armadilhas psicológicas. Trata-se de um funcionamento interno no qual haveria significativa defesa contra a castração e, ainda mais, contra a depressão, em razão da implementação de fantasmas de onipotência. O autor supõe a presença, nesse tipo de funcionamento psíquico, de uma necessidade de afirmação narcísica inextinguível e a presença de um profundo estado de carência. Observa-se um sistema de evitação da vida interior, na qual o sujeito não parece ter uma efetiva vivência de sofrimento.

A noção de perversão narcísica veio a ser incorporada por Eiguer (1989) em *Le pervers narcissique et son complice*, em que aborda esse quadro particular, situando-o no conjunto das patologias do narcisismo. Pondera que a noção vem passando por redefinições por meio das quais veio a ser considerada como equivalente da perversão moral, perversão de caráter ou perversidade (Eiguer, 2014).

Ao abordar a questão do lugar subjetivo da vítima, do "cúmplice", nesse tipo de estado patológico – a perversão narcísica – é suposta a ideia de alguém que teria se tornado codependente do sujeito perverso, dele não conseguindo se desprender. Isso se dá pelo fato de o outro ter sido capturado numa operação de sedução narcísica. Por sua parte, o cúmplice estaria em busca de uma parte perdida de si mesmo, tentando, desse modo, "pegar emprestado" o valor do outro, este que se mostra, como apontamos, no lugar de grandiosidade. A vítima precisaria de algum aspecto da personalidade narcisista como ganho compensatório, no sentido de tentar suprir o sentimento de sua própria falta de valor. Por tirar proveito da situação, a vítima é vista, de certo modo, como cúmplice.

O "cúmplice" tende a admirar no perverso narcísico que "ele jamais se sinta culpado de nada, que ele não consiga jamais admitir seus erros. Ele crê que o perverso narcísico possui um dom especial" (Eiguer, 1999, p. 35). Por outro lado, o objeto cúmplice do perverso narcísico só é tolerável por ele por se prestar a desempenhar papéis secundários, como uma espécie de marionete. A captura do objeto passa pela observação de seus ideais, suas necessidades e fragilidades, o que Eiguer (1999) descreve como característica de certo voyeurismo moral.

Segundo Eiguer (1989), a vítima/cúmplice não é um sujeito necessariamente masoquista, pois não se compraz em sofrer. Ele tende apenas a se apoiar na crença de ser forte o suficiente para modificar o agressor em seus valores, pois acredita ser potente para entender o agressor e vir, então, a não sofrer. Na verdade, sente-se como um herói chamado a um grande combate em que suas virtudes reparadoras serão postas à prova. O prazer da vítima estaria no desafio que a agressão moral representa, do ponto de vista de seu universo fantasístico, como oportunidade suposta de promover a superação e transformação do outro.

A partir de uma abordagem predominantemente fenomenológica, Hirigoyen (1998/2014), por sua vez, enfatiza que, mediante tais comportamentos, a vítima do perverso narcísico parece aguardar reconhecimento por parte do agressor, o que, na verdade, nunca acontecerá. Ela deseja dar amor ao ponto de buscar aquele que não o teve. Em contrapartida, o agressor cobra um amor que não existe e permanece insatisfeito. Em vez de reconhecimento da persistência do outro em amá-lo, precisa desmerecê-lo: quanto mais devoção recebe, mais desprezo vem a endereçar àquele que o ama.

Entre as vítimas estão, muitas vezes, pessoas em estado depressivo ou que perderam a confiança em si e, devido a essa fragilidade, são mais facilmente manipuladas. Elas sentem vergonha e negam as agressões. Vivem seu drama, por longo tempo, em silêncio. Seu sentimento de vergonha advém do fato de terem se deixado abusar; sentem-se culpadas por não terem compreendido mais cedo o que se passava. Essa modalidade de agressor tende a exercer sua manipulação "à distância" fazendo a vítima parecer responsável. A culpabilização desta faz parte da própria estratégia perversa.

Considerados como autores nodais acerca da perversão narcísica, Eiguer (1989) descreve um tipo de personalidade enquanto Racamier (1986) se detém em identificar os mecanismos que aí estariam em jogo. Racamier (1986) não busca qualificar os indivíduos, mas identificar a origem de uma disfunção operada fundamentalmente no âmbito das interações relacionais. Segundo ele, o movimento perverso narcísico é um ato altamente interativo e se define como forma organizada de defesa egoica contra toda dor e contradição interna, expulsando-as, para vir a incubá-las em outro lugar, ao mesmo tempo em que se opera no psiquismo do sujeito um processo de supervalorização narcísica à custa do rebaixamento do outro. Tratando-se de uma patologia narcisista, segundo o referido autor, essa modalidade de destruição consiste em nutrir-se do narcisismo alheio por meio da depreciação, rebaixamento e humilhação para gerar valor para si.

Apesar de viver em prol do amor a si mesmo o perverso moral depende do outro, por sua baixa autoestima. A validação constante de sua imagem estaria atrelada à desqualificação do outro para sentir-se superior. Ele cria um vínculo objetal sem envolver-se, percebendo-o como alguém que só existe para que ele possa convencê-lo de sua falta de valor, garantindo, desse modo, a continuação da crença em si mesmo, mantendo-se nessa suposta posição subjetiva grandiosa.

Nesse processo, observa-se a cristalização de um mecanismo defensivo, o qual, de acordo com a posição do autor, visa à sustentação e ao preenchimento egoico, os quais teriam ficado deficitários devido, entre outros fatores, a uma falha narcísica inicial. Esta teria resultado, em grande parte dos casos, de vividos traumáticos ancorados, por sua vez, nas vivências da primeira infância com o ambiente e os objetos primários.

Eiguer (1995) associa esse mecanismo defensivo a uma atitude, de certo modo "cínica", pois, por meio dessa dinâmica, o sujeito, num plano de determinação inconsciente, busca justificar seus atos por acreditar nas construções fantasísticas que erigiu, de cunho persecutório. Contudo, estaria a salvo da ameaça que parece circundá-lo, de acordo com seu vivido subjetivo – enquanto construção imaginária – por meio do exercício da manipulação do outro, apoiando-se assim no narcisismo desse outro. O "cinismo" que parece marcar o perfil do perverso narcísico é um comportamento profundamente enraizado no eu e, por vezes, considerado como "forma e habilidade imediata, algo divertido, apesar de sua malignidade" (Eiguer, 1999, p. 64).

Eiguer (1989) apresenta o perverso narcísico como sujeito sem repouso, que vive em constante estado de alerta tentando construir uma imagem todo-poderosa de si mesmo, sem falhas, para se apresentar ao mundo numa posição de magnanimidade. Essa busca de si acaba estabelecendo elo com o extermínio do outro. Considera o autor que essa busca ocorreria, entre outros determinantes, devido a um sentimento de menos-valia que o sujeito busca localizar no outro para assim fragilizá-lo e dominá-lo. Haveria, nesse caso, uma recusa em se reconhecer marcado pela falta, ferida narcísica experimentada como insuportável, levando seu psiquismo a reforçar, então, suas defesas.

Uma relevante distinção entre a perversão estrutural – que Eiguer (1999) considera em sua obra em termos de psicopatia – e a perversão narcísica se baseia no entendimento de que, na primeira, nos deparamos com o registro da crueldade, ancorado na destruição do outro em sua existência narcísica singular. O que definiria o psicopata seria "as tendências impulsivas e o modo errático do psiquismo" (Eiguer, 1999, p. 88), impedindo-o de elaborar simbolicamente tais tendências e transformá-las em pensamento. No psicopata o sentimento de marginalidade se encontraria ligado à ideia de dívida: a sociedade, as figuras parentais são percebidas como devedoras de algo a ele. Na contrapartida, o perverso moral é menos agressivo, sua sofisticação sedutora e teatral contrasta com a rusticidade do outro. O mencionado autor destaca o fundo depressivo que estaria presente na perversão moral em contraponto à angústia de perseguição que, segundo aquele autor, seria dominante na psicopatia. "Do lado da perversão há um convite à fruição; do lado da psicopatia, é o convite à ruptura da ordem moral" (Eiguer, 1999, p. 91). "As condutas do perverso narcísico remetem a três atitudes de base: utilitária, utensiliária e predação moral" (Eiguer, 1999, p. 37). Existiria a tendência a utilizar o outro, a tratá-lo como instrumento, ou a absorver o narcisismo do outro no sentido de se apropriar de seu entusiasmo, de sua paixão.

Em 1998, Marie-France Hirigoyen difunde a ideia de assédio moral fazendo referência ao perverso narcísico como sujeito predador a caminho da destruição da identidade de suas vítimas por meio de atos de manipulação psicológica. A inquietação inicial da autora, levando-a a investigar essa problemática, se deu no campo do mal-estar no trabalho, obra em que buscou redefinir a concepção de assédio moral. Ela também publicou um material centrado na violência no âmbito do casal: da coerção psicológica à agressão física, a autora a aborda a questão do abuso de fraqueza, dentre outros tipos de manipulação. Seu foco de interesse é precisamente a violência perversa exercida no curso da vida cotidiana.

Com base em sua experiência clínica, ela assinala o que denomina "assassinato psíquico", exercido pelo agressor como impostura, a ser desvelada para permitir à vítima o reencontro com seus referenciais de forma a poder subtrair-se ao enredamento e ao controle de seu algoz. Uma das características dessa modalidade de agressão seria a possibilidade de mascarar sua ação. O psiquismo da vítima é alterado de forma mais ou menos duradoura. Quando se trata de violência perversa exercida no espaço da família, trata-se – conforme iremos explorar mais adiante – de um abuso na esfera privada, iniciada como abuso de poder prosseguindo como abuso narcísico. Quando a violência psicológica acontece no espaço da família, o infante não tem como se afastar desse ambiente ou como disso se defender. A acomodação a tais circunstâncias pode resultar em significativos distúrbios psíquicos. Quando arrolada nessa modalidade de agressão, a criança tende a perder sua autonomia.

A adaptação à violência pode assumir diferentes destinos, dependendo das circunstâncias às quais o sujeito vê-se exposto e do modo como o psiquismo administra as intensidades geradas por tais impasses. Sluzki (1994) evidencia que, no que tange à violência de baixa intensidade ocorrida de forma inesperada – como é o caso das microviolências –, há reação de surpresa e descrença; no entanto, quando a violência é contumaz e de baixa intensidade, opera-se uma espécie de anestesia psíquica naquele que parece vir a se "habituar" a ser humilhado. É o que esse autor observa como um dos possíveis desdobramentos na situação de violência perversa em que os ataques perpetrados pelo sujeito não são reconhecidos de antemão como agressão por aquele que dela é objeto.

Cabe igualmente destacar a contribuição de outra autora, de especial relevância em nosso estudo. Joyce Mc Dougall (1997, p. 18) caracteriza a perversão em termos de qualidade do relacionamento com o objeto ao acentuar que "talvez em última instância, somente relacionamentos possam ser chamados de perversos". Ao perscrutarmos a violência do perverso narcísico depreendemos que ele se vale do tríptico: sedução, dominação, manipulação. A sedução é o ponto de partida para que, posteriormente, o controle e domínio perpetrados sobre o outro sejam exercidos. Khan (1987) apresenta a perversão moral enfatizando sua dimensão narcísica, caracterizada por uma espécie de exercício de arrogância, simulando, muitas vezes, gentileza e compaixão, com a aparência, entretanto, de um relacionamento "normal". Segundo Racamier (1986), o sujeito tende, nesses casos, a se mostrar cortês, sedutor e socialmente adequado. Possuidores de carisma, eles tentam transformar o outro em aliado dele obtendo cumplicidade tácita, o que seria suscetível mesmo de "destruir um indivíduo através de outro e assistir a esse combate" (Hirigoyen, 2012/2015, p. 198).

Além de uma desresponsabilização quanto à sua atitude predatória, a autora pontua que haveria uma busca por demolir o pensamento do outro, sua capacidade de reflexão e humanidade. Ao se encontrarem diante do risco de desmascaramento, esses sujeitos muitas vezes se apresentam como vítimas, o que aumenta seu poder de dominação. Frequentemente ostentam um passado doloroso ou uma infância difícil, o que, aliás, não corresponderia – como veremos à frente – a uma inverdade, apesar do caráter paradoxalmente falacioso da mencionada demonstração de fragilidade.

Tal mecanismo relacional resulta do fato de a defesa utilizada pelo ego na perversão moral depender do outro para que se dê o ato de manipulação, recurso em que o psiquismo apela para modalidades defensivas de caráter elementar, arcaico. Eiguer (1999, p. 35) destaca se tratar de "pessoas egocêntricas, espoliadas ou feridas em seu narcisismo cujo apetite por veneração as leva a procurar em terceiros um alimento que reconforte seu amor-próprio". Na relação do perverso narcísico com o objeto, constatamos que ao desvalorizá-lo o sujeito vê-se, aos seus próprios olhos, possuidor de valor. O objeto não é recusado em sua existência, mas em sua importância (Racamier, 1986/2012).

Uma organização narcisista de personalidade contempla não somente arranjos defensivos de caráter primitivo, mas uma carga de pulsionalidade mortífera cuja consequência é a desobjetalização e abolição do reconhecimento da singularidade do outro. Ao desenvolver a noção de narcisismo negativo, Green (2011) a define como articulada à função desobjetalizante. Salienta que a recusa do objeto seria uma necessidade vital para o narcisista, como garantia de autonomia do eu. O perverso moral se serve de uma identificação projetiva negativa projetando no outro o que de mau vivencia em si próprio. Ele "acusa no outro aquilo que sente a respeito de si" (Eiguer, 2001, p. 111). Seu estado de insatisfação narcísica permite compreender a defesa perversa utilizada: uma espécie de inanição objetal, no sentido de um imperativo interno de ter que passar sem o objeto, de afirmar essa suposta condição, o reconhecimento de um objeto de falta, signo da condição humana de finitude, e incompletude, sendo vivido como insuportável. De acordo com Green (1988), a idealização de completude narcisista seria uma espécie de "miragem de morte".

A recusa narcísica do desejo e necessidade do outro, em proveito de suas próprias necessidades psíquicas, se dá, dentre outros fatores, devido à insuficiente introjeção superegoica (Martins, 2009, p. 40). O agressor se vê estruturalmente necessitado de apoio narcísico, apelando para mecanismos defensivos como resposta às falhas arcaicas que perduram como pano de fundo em sua existência. Esse cenário pode fazer com que o sujeito seja continuamente levado a interpretar as condições ambientais como hostis, lançando mão, então, de uma defesa de tipo perverso, que visa camuflar o violento vivido de insuficiência narcísica.

O aprisionamento do outro – o objeto dominado –, de acordo com essa modalidade de relação, de coisificação e manipulação, indica que a perversão narcísica implica um exercício de poder em que a degradação do objeto substitui o amor. O jogo de poder exercido sobre o outro funciona como sustentação e preenchimento do próprio narcisismo do sujeito (Eiguer, 1995). O amor precisa aqui sofrer uma clivagem sendo cercado de ódio. O outro é um objeto coisificado a serviço das funções que o perverso narcísico temeria perder.

O que vários autores sinalizam, dentre aqueles cuja contribuição temos acompanhado, é que os contextos mais favoráveis nesse modo de funcionamento próprio à perversão narcísica são aqueles em que existe a possibilidade de se exercer poder, com o intuito de produzir perplexidade, paralisia, desvalorização e invasão da mente do outro, gerando culpa em suas vítimas (Hirigoyen, 1998/2014; Hurni; Stoll, 1996). O perverso moral exerce sua violência no dia a dia de forma muitas vezes silenciosa, velada, agindo por intimidação, garantindo, portanto, a coisificação e desqualificação do objeto.

Dominadores e invasivos, os perversos narcísicos são sujeitos profundamente feridos em seu narcisismo, marcados pelo imperativo de assujeitar o outro com o intuito de destruí-lo do ponto de vista identitário e narcísico. As respostas perversas podem ser consideradas como defesas psíquicas extremas contra o retorno de marcas traumáticas clivadas em seu psiquismo. As agressões por ele perpetradas são mencionadas por Hirigoyen (1998/2014, p. 11) como tendo sua "origem em um processo inconsciente de destruição psicológica".

I.2 – O perverso narcísico na relação com o outro

A palavra perversão é marcada por uma negatividade no registro moral. O perverso quer frustrar o outro em seu bem-estar e felicidade. No entanto, a relação que trava com sua vítima é um mal que não pode ser identificado prontamente; acaba, então, por ser banalizado devido à habilidade desses agressores. Os ataques nesse funcionamento perverso não constituem atos isolados, são ataques repetidos sem trégua, cuja sistematização faz parte de um tipo de funcionamento que busca suprir um narcisismo deficitário. A dinâmica relacional do perverso narcísico se sustenta na negação da alteridade do outro.

A partir das afirmações de Ferraz (2010), inferimos que o perverso não estabelece um vínculo significativo com uma pessoa total. A onipotência vivida por ele é reforçadora da base narcísica de sua dinâmica psíquica. Ele se aproxima de seu objeto tentando envolvê-lo em uma malha de sedução. Há, na base de sua história psíquica, um estado de vazio, ancorado na ausência de relacionamentos afetivos genuínos. Tal empobrecimento do contato humano não permite haver autenticidade no plano das relações afetivas.

Autores como Hurni e Stoll (1996) e Hirigoyen (1998/2014, p. 14) acrescentam que "a perversão é uma incapacidade de considerar os outros como seres humanos". O agressor apoia-se em alguém cuja vitalidade faltaria a si mesmo e que, por isso, seria fonte de violenta inveja, motivo pelo qual ele vem a transformar a pessoa em vítima de sua vampirização. Martins (2009, p. 46) esclarece que a vampirização seria "a necessidade contínua de manter o outro na condição de submissão".

Não havendo sua real potencialização, o agressor jamais se torna independente da vítima, dela necessitando, mas acusando-a de ser responsável por seu próprio fracasso. É essencial para o agressor ter a promessa do outro de que a relação será estável; assim, ele veste a personagem de vítima ao declarar que sofre com a maldade e instabilidade das pessoas que buscariam tirar proveito dele. Ele demanda o comprometimento da vítima como pessoa que possa tolerar seu comportamento para provar-lhe ser diferente daqueles com os quais se decepcionou. Devido a esse desejo reparador, a vítima sente-se engrandecida e valorizada quando suporta as agressões e maus-tratos (Hirigoyen, 1998/2014).

O perverso se vale de uma relação de um ego sem *concern* [interesse/preocupação] e sem culpa. Pontua Martins (2009) que a vítima, por sua vez, tem demasiados *concern* e tolerância. Sua culpabilidade inconsciente faz com que se sinta responsável pelo bem-estar do outro, a ponto de nutrir o desejo de superar o próprio desamor do qual é objeto. Tal generosidade é interpretada pelo agressor como fraqueza, julgando a vítima, então, como merecedora de menosprezo e desdém. Justifica para si mesmo a agressão que desfere contra ela, a qual permanece aprisionada na posição de duplo como receptáculo das projeções do perverso narcísico. Nesse contexto, o duplo constitui o que seu ego rejeita em si mesmo, projetando para fora como "estranho" o que não pôde ser reconhecido como próprio.

Outro aspecto relevante a destacar na problemática da perversão narcísica – perversão de ordem moral – concerne ao fato de o sujeito ter se constituído, em muitos casos, em um contexto familiar no qual o valor narcisista, a supremacia sobre os outros e o prestígio social ocupam lugar importante. Ele pode ter vivenciado uma relação humana precária e pouco amorosa, carente de ternura e pouco suscetível de compreensão de suas necessidades e anseios quando *infans*. Experiências, nesse período de constituição narcísica, que possam ter resultado numa vivência traumática provocam alterações no ego as quais permanecem como cicatrizes no psiquismo. Vale citar, neste ponto, os estudos de Ferenczi (1929/2020) acerca da criança mal acolhida, segundo os quais aquelas que foram acolhidas com rudeza e sem carinho chegam a morrer facilmente e de bom-grado. No caso de escaparem desse destino tenderão, segundo o autor, a conservar certo pessimismo e aversão à vida. Assim, "aqueles que perdem tão precocemente o gosto pela vida apresentam-se como seres que possuem uma capacidade insuficiente de adaptação" (Ferenczi, 1929/2020, p. 59).

O sujeito perverso se apoia na sedução narcísica como ferramenta performática de uma falaciosa criação de laços. Khan (1987/2010) complementa a análise dessa temática indicando a técnica de intimidade, que explicita uma faceta que seria própria do modo de relação objetal dominante na perversão moral. Tal técnica designa o caráter e o clima emocional que permitem que se estabeleça profunda ligação do sujeito com o outro, e até mesmo fusão, a qual, no entanto, tem caráter fugaz. Trata-se de uma situação performática que necessariamente implicaria a cooperação de ambas as partes.

A intimidade criada nesse tipo de relação é veiculada por um "autoerotismo a dois". A situação íntima só pode acontecer pelo fato de o sujeito ter a garantia de não estar genuinamente envolvido. O referido autor formula a hipótese de que o objeto do perverso pode ser criado, manipulado, submetido a abusos, destruído, descartado, idealizado ou tratado com ternura. Khan (1987/2010) destaca ainda que na perversão residiria certa arrogância que seria decorrente da negação da necessidade de dependência passiva. Em sua performance, aos seus próprios olhos e aos olhos dos outros, o perverso narcísico parece disposto a atender as necessidades alheias. Suas relações sociais podem, então, parecer adequadas e, por vezes, até significativas para aqueles com os quais convive.

Para o autor, mediante esse modo de se relacionar, o perverso buscaria curar-se da falta de integração egoica a qual teria resultado das falhas nos cuidados maternos. No que tange ao papel das figuras fundamentais no desenvolvimento do futuro perverso, alguns autores sustentam a hipótese de que a mãe teria proporcionado intensos cuidados corporais, mas de forma impessoal, com incapacidade de administrar a experiência subjetiva do filho. Em relação à figura paterna nesses casos, mesmo que esta tenha se mostrado presente na experiência familiar da criança, não teria chegado a se registrar como presença significativa.

O modo de relação com o objeto nas perversões evoca forte-mente uma dimensão de controle, descrita por Dorey (1981) como "ação de apropriação por desapropriação do outro". Tratar-se-ia de um confisco, de certo estrangulamento, o encontro com o outro retor-nando com essa marca de objeto totalmente dominado e assimilável.

Cabe esclarecer que a vítima/cúmplice do perverso narcísico não é um masoquista, mas, como destacamos anteriormente, tra-ta-se de um sujeito que confia demasiadamente que suas qualida-des e virtudes terão a possibilidade de vir a transformar o sujeito perverso. Ela perde a noção do limite admissível nessa tentativa de reabilitação do outro. Quanto à indagação sobre o que levaria alguém a permanecer por tempo prolongado no lugar de objeto do perverso narcísico, salienta Sausse (2003) que se trata de sujeitos que costumam desculpar o perverso, por atribuir a si a responsabilidade e culpabilidade pelas agressões sofridas. Devido à desvalorização de si mesmas, ao serem depreciadas, desvalorizadas e desqualificadas, as vítimas costumam duvidar de suas percepções, resultado, dentre outros fatores, de um processo de desobjetalização e dessubjetivação.

O perverso narcísico estabelece com a vítima uma comunica-ção baseada no controle, valendo-se da vitalidade e da criatividade do outro, para sugá-lo, desrespeitá-lo e submetê-lo ao seu domínio.

Há aqui domínio do outro para exercer controle, pelo violento temor de que em suposta proximidade, o outro possa vir a invadi-lo. Diante de tal ameaça, a violência psicológica e os ataques subterrâneos dirigidos ao outro se tornam sistemáticos. Esse processo contínuo acaba se tornando possível devido à excessiva tolerância da vítima/cúmplice, que se resigna ao papel de pessoa reparadora para o narcisismo do outro, como se fosse uma espécie de missão à qual ela teria que se sacrificar, a renúncia a si mesma funcionando como prova de amor. O perverso paralisa a vítima colocando-a em uma posição de indefinição e incerteza, cujo efeito emocional faz parte de sua manobra psicológica; por sua vez, a vítima se contenta com a referida expectativa de mudança no agressor. Tal mudança provavelmente jamais ocorrerá, pois, conforme adverte Racamier (1987), não há nada a esperar quando alguém se associa a perversos narcisistas, a não ser sair ileso.

O perverso moral depende de seu objeto para coisificá-lo e desestabilizá-lo, mediante sua habilidade de manipulação. Uma das estratégias perversas se dá por meio de palavras utilizadas como manobra para uma suposta rejeição afetiva. A violência indireta tende a ativar o sistema de culpabilização da vítima, nela engendrando graves perturbações. Na comunicação perversa nada é nomeado, tudo tende a ser subentendido. O direito de ser ouvido é recusado à vítima. Sua versão dos fatos não tem relevância, o outro não existe para o perverso narcísico (Hirigoyen, 1998/2014). Sua mensagem é vaga e imprecisa, acarretando confusão, sendo seu discurso totalitário e denegativo do outro em sua subjetividade.

Uma das manobras psicológicas em questão, conforme pontua Watzlawick (1967/2007), é a comunicação paradoxal a qual provoca embotamento na percepção do objeto. Não se trata apenas do envio de duas mensagens que se excluem mutuamente, mas da impossibilidade/proibição para aquele que a recebe de denunciar o paradoxo. Sausse (2003) defende que o terapeuta seria justamente responsável por restaurar no paciente a possibilidade de metacomunicação, única maneira possível de solucionar a referida comunicação paradoxal. A terapia funciona como convocação de um testemunhar, o que permite a autenticação da percepção da vítima, e que teria ficado fortemente comprometida. Não basta a vítima enxergar a situação em que foi arrolada, outra pessoa precisa atestar, testemunhar o que ela vê, para que sua percepção seja validada.

A desqualificação é uma das modalidades da comunicação paradoxal, consistindo na negação da percepção que um sujeito tem de suas próprias sensações, pensamentos ou desejos. Assim como Roussillon (1991), Sausse (2003) considera a desqualificação como um antirreconhecimento. Isso surge do fato de não se levar em conta o desejo de comunicar. Ser desqualificado significa que – a respeito de algo que toca de perto quem vive a experiência violenta – que ele não teria nada a dizer sobre isso, que não teria nada a comunicar, nem a pensar. A negação seria, portanto, completa: tanto em relação aos pensamentos quanto às percepções, culminando numa mutilação psíquica.

Devido à complexidade dessa modalidade de violência, pouco detectável, o ataque silencioso do perverso narcísico ao outro raramente se torna perceptível aos que estão em seu entorno. O perfil do agressor costuma ser o de uma pessoa apreciada socialmente. Em geral, ele se apresenta como portador de marcante e forte personalidade, imagem que cultiva intencionalmente para nutrir-se da admiração alheia. Para que se torne possível uma quebra do vínculo da vítima com seu agressor será necessária uma intervenção externa, como assinala Sausse (2003): "sem intervenção externa estabelece-se um jogo sem fim".

A incerteza da vítima quanto às próprias percepções pode levar a um movimento de autoacusação e desqualificação de seus próprios sentimentos e opiniões, pois o perverso moral exerce ferrenho controle sobre ela. Essa dominação tirânica tende a reduzi-las a uma bidimensionalidade adesiva, sinal de redução de toda a alteridade. "Aquele que exerce seu domínio grava sua marca no outro, desenha seu próprio rosto ali" (Dorey, 1981, p. 118).

I.3 – As falhas no plano da relação primária

Na busca de uma compreensão aprofundada das manobras perversas, nos deparamos com a contribuição de Dorey (1981) e Green (2011), os quais atribuem à presença de uma falha narcísica inicial em função, dentre outras razões, do caráter intrusivo do objeto primário. Haveria impossibilidade de o sujeito romper com o desejo da mãe e se deslocar da posição de falo materno devido à insuficiência de um processo de representação.

Green (1988) igualmente salienta, como fundamento nesse tipo de quadro clínico, a estreita relação existente entre fracasso do objeto primário, fragilidade narcísica e excesso pulsional. A dimensão de excesso pulsional diz respeito a uma intensidade desorganizadora correlativa a uma precariedade egoica para lidar com tal excesso. Seguindo a mesma linha de interpretação, Martins (2009) se refere a uma falha narcísica inicial, o que se expressa na busca do sujeito em exercer poder sobre o outro, forma de sustentação e de preenchimento de seu próprio narcisismo. Trata-se de um mecanismo mediante o qual o agressor fortalece seu ego pela desvalorização do outro. Tal funcionamento se constitui como "tentativa desesperada de evitar a perda do eu, a despersonalização ou mesmo a psicose" (Martins, 2009, p. 40).

Frente à intensidade desorganizadora interna experimentada, a perversão narcísica seria um dos destinos possíveis como recurso de defesa derradeiro diante do temor do aniquilamento e desintegração do eu, ameaçado por um objeto interno indomável. Isso impulsionaria o ego a realizar um movimento extremo para dominá-lo e exercer seu controle onipotente sobre ele. Diante da impossibilidade de dominar o objeto interno, o ego acaba por tentar exercer o domínio ativo sobre o objeto externo, sua presa, seu cúmplice (Eiguer, 1989).

O modo de funcionamento do agressor leva à formulação da hipótese de uma recusa da experiência vivida na infância devido ao impacto de um sofrimento psíquico, mediante instalação de defesa frente ao destino dessubjetivante dos processos traumáticos. A articulação entre a dimensão pulsional e a qualidade das relações entre sujeito e objeto no início da vida inclui experiências sensoriais e não verbais do bebê, que se dão a partir da experiência compartilhada com o outro (Zornig, 2015). Uma precária afetividade com os vínculos primordiais pode causar perturbações capazes de abalar os processos de estruturação do psiquismo.

Enfatiza Winnicott (1945/2000) que a base da saúde mental se estabelece nos primórdios da infância pelo provimento de cuidados por meio de uma mãe suficientemente boa, traduzida pela atuação de um adulto genuinamente preocupado e investido com os cuidados e necessidades da criança. Faz-se necessário estabelecer uma adaptação ativa às necessidades do *infans*. Contudo, quando o bebê se depara com uma adaptação falha, isso o obriga a reagir a essa experiência sentida como invasiva, perdendo-se, em certos casos, o sentido do *self*.

O fracasso ambiental pode ativar um potencial patológico. A esse respeito, Santos (1999) pontua o caráter arcaico da organização defensiva, a qual é erigida e montada como repúdio à invasão ambiental. Ao habitar um mundo mal organizado, para se livrar da perseguição do ambiente, o ego do sujeito pode renunciar ao compromisso da conquista de sua autonomia. É o fracasso ambiental nos primórdios do desenvolvimento que leva, em determinadas situações, à edificação de uma organização defensiva limite ou de caráter extremo. Assim como a criança expulsa o que é desprazeroso cuspindo-o (Green, 1988/2011), o movimento de expulsar o que é vivido como mau e desagradável permite a criação de um espaço interno no qual o ego, como organização, pode emergir.

Racamier (1986) sustenta que a perversão narcísica se ancora na megalomania infantil primitiva e universal. No que concerne à trama da sedução narcísica, parece prevalecer nesses casos a ilusão ativa de substituir impunemente, junto à mãe, o pai destituído de sua função. No desalojamento do pai para "evitar", para denegar o Édipo, a sedução narcísica acrescenta como bônus a tentativa de imunidade conflitual. Essa imunidade é adquirida, conforme assinalamos anteriormente, ao preço da imunidade objetal. Segundo o autor, o perverso narcísico obedece a dois imperativos: jamais depender de um objeto e jamais se sentir inferior. Trata-se de um objeto-não-objeto, tornado inanimado para que o sujeito exerça seu controle. O domínio que não pôde ser exercido sobre suas excitações internas será exercido sobre o objeto externo. Vale (2004) destaca estar aí em jogo o mecanismo arcaico da inversão em seu oposto, reversão da passividade em atividade frente a um excesso irrepresentável relativo ao objeto interno. A relação matriz estabelecida com o cuidador primário, na qual a criança sofre passivamente dominação tirânica, poderá ser o encetamento do mecanismo de defesa de identificação com o agressor. Desse modo, será possível ao sujeito tornar-se ativo e dominar o outro externo, retirando-se, desse modo, da posição passiva de cumprir o mandato materno.

I.4 – A sedução narcísica

A sedução perversa antecede a violência moral. Nesse primeiro estágio, constitutivo, se constrói o primeiro tempo do relacionamento no qual a sedução narcísica atua utilizando os instintos protetores do outro. "O enredamento consiste na influência intelectual ou moral que se estabelece em uma relação de dominação" (Hirigoyen, 2014, p. 109). O perverso moral tende a estabelecer uma estratégia precária das defesas mais primitivas: produzir ativamente aquilo que sofreu passivamente nas origens, mas atuando na posição de agressor. Sua fase inicial de sedução consiste em fazer o outro sentir-se especial, mas sem permitir a construção de qualquer vínculo. O outro é seduzido, apenas para ser negado. Na manobra perversa a submissão do objeto é gradativa, a alteridade da vítima é evitada por meio da fusão com ela.

O domínio e uso da vítima não implicam primariamente uma busca de prazer sexual, mas a afirmação de onipotência narcísica com o intuito de combater qualquer ressurgimento repentino de uma angústia de passivação aterrorizante vivenciada nos primórdios da vida psíquica com o objeto materno. Tendo sido imerso em permanente clima de hostilidade, o perverso moral esforça-se para negar sua falta e, ao se encontrar confrontado a um sentimento de impotência, sua violência tende a aumentar, posto que não é capaz lidar com o sentimento de desvalor de si mesmo.

Dorey (1981) salienta que, no que diz respeito à problemática perversa, a relação de domínio apresenta uma especificidade: o que está em jogo é a sedução perversa. As origens da relação de domínio de caráter perverso se dariam devido à "existência de condutas sedutoras sofridas pela criança por parte da mãe ou de seu substituto privilegiado" (Dorey, 1981, p. 122). A relação perversa de domínio, fundamentada na sedução, possuiria o duplo aspecto de unificação e impossibilidade de separação. Tal empecilho ao processo de separação diria respeito à inviabilidade da consolidação de si mesmo, tratando-se de uma relação alienante.

Ao considerarmos os aspectos próprios ao processo de constituição psíquica, depreendemos que, a partir da formação de um laço de prazer erótico entre a criança e a mãe, se desenvolve uma cumplicidade arcaica e primária em um nível carnal e, no registro do olhar a partir da captura especular que se estabelece entre a mãe e a criança. Operam-se reflexos indiscerníveis um do outro, um vínculo relacional em que o sujeito se encontra capturado em um registro especular, impossibilitado de se desvencilhar do desejo materno. No entanto, "este outro materno é marcado por insegurança, fragilidade e vulnerabilidade excessivas, no sentido de se ver exposto de forma brutal ao surgimento do desamparo da criança" (Vale, 2014, p. 59).

Essa posição originária de passividade da criança tenderá, nesse caso, a ser invertida no plano das relações objetais. A relação matriz com o objeto primário, na qual a criança sofre passivamente por ser vítima de dominação tirânica, poderá fazer com que seja engatilhado o mecanismo da identificação com o agressor. Desse modo, é possível ao sujeito tornar-se ativo e recuperar seu domínio sobre o outro. A identificação com o agressor é uma formação defensiva cuja função essencial é reverter a passividade em atividade.

Trata-se do que Dorey (1981) considera em termos de "ação de apropriação por desapropriação do outro", confisco, estrangulamento que traz o outro de volta como objeto assimilável. O autor pontua três dimensões complementares que caracterizam a relação de domínio, correspondendo a três correntes semânticas do termo domínio. A primeira delas evoca a ideia de presa, de captura, o que em linguagem jurídica designa uma infração referente à violação de uma propriedade privada. Trata-se de uma ação de apropriação por desapropriação do outro, violência infligida, causa de prejuízo a outros devido à invasão de seu domínio privado. A segunda dimensão é inseparável da precedente. É aquela do ascendente intelectual ou moral exercido por alguém ou alguma coisa sobre um indivíduo. Essa segunda corrente sugere o exercício de um poder supremo, dominador, mesmo tirânico por meio do qual o outro se sente subjugado, controlado, manipulado e mantido em estado de submissão e dependência mais ou menos avançado. A terceira dimensão resulta das precedentes, e nos fala sobre o que é registrado como traço, impressão de uma marca na pessoa dominada, a qual perde o *status* de sujeito por ser relegada ao *status* de objeto. Aquele que exerce controle grava sua impressão no outro desenhando nele seu próprio rosto (Dorey, 1981).

A evolução dessa dinâmica é imperceptível na perversão moral, pois se caracteriza pelo aumento gradativo da atuação do agressor em seu domínio, na maior parte das vezes sendo impossível identificar sua invasão e apropriação do outro, o que se dá de forma insidiosa. Nesses casos, a violência psicológica e os ataques subterrâneos são sistemáticos. Como vimos anteriormente, a vítima não encontra recursos psíquicos para se desvencilhar de seu agressor, a exasperação invade o perverso narcísico.

Segundo Racamier (1986/2012) o segredo do núcleo perverso é que ele se funda numa espécie de delírio: um delírio de grandeza que para o narcisista não parece ser uma ilusão. O sentimento de plena potência e invulnerabilidade que reside no núcleo perverso é muito mais do que um fantasma. Configura uma convicção íntima inabalável e delirante. Mas se a essência é delirante, a modalidade de aplicação pragmática é precisa e socialmente ajustada. Pergunta-se o referido autor se a perversão narcísica não poderia ser considerada como uma das modalidades clínicas de "loucura". Nela não estaria presente um princípio de reorganização psíquica como alternativa à eclosão de uma psicose?

CAPÍTULO 2

NARCISISMO E ALTERIDADE: O ENCONTRO PRIMORDIAL COM O OUTRO

A dimensão narcísica é fundamental para compreendermos a montagem defensiva das respostas perversas. Ao vivenciar uma falha ambiental em tenra idade, que se traduz em um provimento ambiental insuficiente, não sendo capaz de promover uma relação de segurança, o sujeito pode vir a atuar como agente daquilo que lhe fez sofrer. O perverso, muitas vezes, inverte o sofrimento por ele vivenciado em padecimento infligido ao outro, fazendo o outro experimentar o sofrimento que ele próprio experimentou, na tentativa extrema de se livrar da intromissão do outro primário (Vale; Cardoso, 2020). Supomos que na relação inicial da vida psíquica desses sujeitos se estabelece uma transmissão intrusiva de marcas irrepresentáveis.

Neste capítulo nosso objetivo é abordar o lugar das falhas nos cuidados primordiais, no encontro com o outro inicial, na perversão moral, buscando explorar, portanto, a questão da ausência de recursos psíquicos no exercício dos cuidados maternos. Para tal, vamos destacar alguns aspectos envolvidos no funcionamento desses sujeitos tentando melhor compreender o que se apresentaria como fontes de precariedade no seu processo de constituição psíquica.

A partir desse recorte percebemos o fechamento em si e a recusa de tudo que não diga respeito ao amor de si mesmo, dificultando o investimento no outro e a viabilidade do vínculo. A relação com o cuidador pode se apresentar marcada pela vivência de indiferença, a impossibilidade de ser reconhecido em sua singularidade pelo outro. Para avançarmos na compreensão das bases constitutivas e próprias ao funcionamento psíquico desses sujeitos – sendo o foco central de nossa dissertação o exercício da violência moral exercida por parte do suposto cuidador, particularmente no contexto da família – abordaremos a seguir elementos essenciais que julgamos implicados na relação inicial entre cuidador e *infans*, pontuando, entre outros aspectos, a fundamental articulação entre aspectos narcísicos e alteritários nesse encontro primordial, considerando a importância aí de sua alteridade inconsciente, sabendo que se trata de um encontro que constitui as próprias bases do psiquismo de cada sujeito. Explorar essa vertente do processo de constituição da subjetividade nos parece de especial relevância em nossa investigação, na tentativa de melhor conhecer as determinações e destinos da relação eu/outro quando imersa num ambiente marcado pela violência moral.

II.1 – Encontro primordial com o outro

A questão da presença do outro no processo de constituição do eu se inicia no encontro com o objeto primário, pois o bebê necessita de modo absoluto do outro para a constituição de sua subjetividade, cenário de manifestação da alteridade e possibilidade da constituição do eu. Birman (1996, p. 62) aponta que o que caracteriza o discurso psicanalítico é o reconhecimento do caráter traumático da presença constitutiva do outro: "o sujeito em psicanálise seria marcado pela alteridade, marca constitutiva de seu ser". O texto freudiano apresenta crescente problematização da perspectiva da alteridade. O eu vem a ser concebido como resultado de complexa sobredeterminação a qual envolve não apenas o inconsciente, mas também o espaço intersubjetivo.

> O "outro-narcísico" não tem estatuto de uma alteridade abstrata, pois é preciso a presença concreta do outro no processo de constituição do eu; mas não é simplesmente uma outra pessoa, na medida em que aparece na trama da subjetividade como uma marca fantasmática, um traço imaginário (Moreira, 2003, p. 268).

A autora realiza uma leitura dos textos freudianos a partir da problemática da alteridade, desvelando as dimensões alteritárias subjacentes às intricadas tramas psicopatológicas investigadas por Freud na constituição da subjetividade.

Em "A pulsão e seus destinos" Freud (1915) destaca a constituição psíquica calcada na ambivalência afetiva entre o amor e o ódio. Embora esse par seja considerado como forças ou sentimentos opostos – o ódio referido à destrutividade, que ataca os laços, e o amor, seu oposto, tecendo laços na composição de conjuntos mais amplos a serviço da vida –, a constituição psíquica e seu funcionamento revelam se tratar de destinos totalmente interligados entre amor e ódio, formando um par. O amor, para ser autêntico, precisa integrar o ódio. Este último carece estar entrelaçado ao amor a fim de escapar ao seu destino de semeador da morte pela desimbricação, pelo desligamento; logo, reintegrado ao amor, é uma força de vida. Desse modo, não se trata da exclusão de um pelo outro, mas de uma fecundação recíproca (Jeammet, 1991). Tais polaridades estabelecem conexões significativas entre si sem se confundirem. Considerando o desprazer como o elemento que dá origem ao ódio, compreendemos que a criança sozinha tende a recusar suas experiências de ódio, que lhe fazem perder tudo aquilo que lhe dá prazer. O infante expulsa para fora de si o desprazer, vivido como algo mau, impedindo-o de unificar-se a si próprio no seu corpo.

Freud (1915) apresenta o ódio como primeiro operador afetivo da constituição do sujeito, a serviço de um sistema importante de defesa, próprio às origens da vida psíquica. Portanto, o amor não deve ser pensado nos termos do senso comum, ou seja, como primeiro afeto conhecido pelo bebê, mas sim como derivação do oposto da mesma condição, o ódio. A primeira relação do sujeito, origem da alteridade, se dá no ódio e pelo ódio. Este e a agressividade dão as condições necessárias para que o amor se efetue. Esse ódio de caráter necessário não consiste em destruição, mas deve ser entendido como movimento a serviço da autonomia em relação ao objeto. Trata-se, portanto, de um ódio originário, tanto quanto necessário, que permanece ativo durante toda a existência do sujeito.

Apesar de suas metamorfoses, deslocamentos e de suas mediações, ele nutre permanentemente o sistema representacional da psique (Stephanatos, 2013).

Freud (1915) apresenta o ódio articulado ao narcisismo, relativo, portanto, à fundação do aparelho psíquico. A indiferença se ligaria ao ódio, à aversão após ter surgido primeiro como seu precursor. O exterior, o objeto, aquele que é odiado, seriam sempre idênticos entre si, no início da vida psíquica. Ao se revelar como fonte de prazer, o objeto será amado, mas também incorporado ao eu, de modo que para o Eu-prazer purificado o objeto virá novamente coincidir com o alheio e com o odiado. Em Freud (1915) o par de opostos amor-indiferença reflete a polaridade Eu-mundo exterior; a segunda oposição amor-ódio reproduz a polaridade prazer-desprazer relacionada à primeira. Se não se apresentar como fonte de prazer, o objeto tenderá a ser odiado, vivido, então, como perigoso à manutenção narcísica do Eu-prazer. Posteriormente, Freud (1930) mencionará o pendor à agressão justamente como disposição pulsional original e autônoma do ser humano.

Amar estaria associado à relação de prazer do eu com o objeto, a mãe no interior de corpo/psique, como presença englobante e motivadora que desperta e modela o corpo/psique de seu bebê. Tais experiências não devem ser pensadas como assimiladas à função do corpo físico, mas como "aquilo que se está a viver emocionalmente entre o bebê e sua mãe" (Jeammet, 1991, p. 92). Nessa interação entre a mãe e a criança o eu do infante permanece dependente de um meio circundante, o qual terá influência decisiva sobre seu desenvolvimento, tanto pessoal quanto relacional.

Jeammet (2005) pontua que, antes de ser destruidor, o ódio é separador: separa um dentro e um fora. Assim, o bom é introjetado e vivido como prazeroso e o mau, expulso e vivido como externo. A expulsão do que é mau é o que permite a criação de um espaço interno. Freud (1925) sustenta que, para o ego, o que é mau, primordialmente, é identificado ao que se acha fora. O sentido original do ódio designa a relação para com o mundo exterior. Na concepção freudiana acerca do narcisismo, o ódio se destaca, então, conforme temos procurado mostrar, como fenômeno de fundação do aparelho psíquico, precursor da constituição e delimitação do território narcísico.

II.2 – Mutualidade e continuidade da existência

Por meio de seus cuidados, a mãe toma o bebê como alguém que dela depende para se constituir como sujeito com seus conteúdos psíquicos próprios. Ela supõe que o choro e os gritos do bebê querem dizer algo sobre o frio, fome ou dor que está sentindo, percebendo e interpretando uma intencionalidade na manifestação da criança. A mãe promove, no cotidiano, o estatuto de um sujeito falante antes mesmo que a criança fale (Levin, 1995). Desse modo, a figura materna fornecerá subsídios para que seu bebê venha a construir uma base psíquica capaz de nortear as demais aquisições de seu processo de desenvolvimento (Crespin, 2004; Jerusalinsky, 2002). Todavia, a relação primordial entre mãe e bebê pode vir a ter impasses.

Winnicott (1958/2011) menciona a mutualidade, a experiência compartilhada entre o bebê e a mãe, já se processando no olhar mútuo estabelecido nessa relação, base do sentimento de continuidade de existência que, pouco a pouco, será constituído *infans*. Nesse ponto, os inconscientes se encontram como num jogo do rabisco em que um traço instiga o outro a criar uma forma, num processo mimético e lúdico (Zornig, 2015). Em concordância com as proposições winnicottianas, Roussillon (2008) apresenta a noção de homossexualidade em duplo com o intuito de descrever a constituição do narcisismo primário no qual o objeto desempenha o papel de duplo do sujeito, de espelho, sem que essa experiência configure uma fusão. Segundo o autor, o outro primordial necessita refletir e partilhar os estados afetivos do bebê sem com ele se confundir. Destaca Roussillon (2008) que o prazer é sentido no *ballet* do encontro com o outro semelhante, um duplo, sendo um "outro", percebido em seu movimento de espelho do sujeito. Mas se trata de um outro, não havendo, portanto, confusão entre o sujeito e seu duplo.

De acordo com Zornig (2015) um duplo deve ser suficientemente "mesmo" para ser duplo do sujeito, devendo, ao mesmo tempo, ser suficientemente outro para não ser o próprio sujeito. As contribuições de Roussillon (2008) dialogam com as ideias de Winnicott no que tange a essas funções de espelho da mãe na constituição psíquica do infante. A ênfase é colocada aqui na experiência de prazer compartilhado, o que se dá em dois níveis: do prazer estésico, ou seja, de compartilhamento de sensações corporais e o nível do compartilhamento emocional de sintonia afetiva.

Um bebê não pode existir sozinho psicologicamente ou fisicamente; a esse respeito Winnicott destaca a necessidade da presença de um ambiente facilitador cuja personificação se dá na figura da mãe. O desenvolvimento emocional é constituído pela passagem de um estado de dependência total rumo a uma dependência relativa. Nesse processo, que envolve especialmente a esfera da ilusão-desilusão, a mãe passa da condição de objeto subjetivamente concebido à de objeto objetivamente percebido. Nessa interface cria-se o espaço potencial, forma criativa de perceber a realidade compartilhada, espaço em que há utilização de símbolos. Esse espaço não é oriundo do mundo interno e tampouco do mundo externo (De Oliveira, 2006).

O espaço potencial pode ser compreendido como uma área hipotética e mutável, relacionada à vivência subjetiva da pessoa. Conforme pontuam Davis e Wallbridge (1982), "o espaço potencial é algo que pode acontecer se houver espaço para crescer". Nele há lugar para a ilusão de onipotência, espaço em que ocorre a comunicação significativa por meio da experiência da mutualidade. Fazemos, assim, referência a um espaço sem limites, que ultrapassa a fronteira entre eu e não-eu, necessária à integração do sujeito.

Por ocasião da primeira experiência de falta do objeto a solução do infans é encontrada a partir da realização alucinatória do desejo, como ilusão reparadora da vivência. Nas frustrações ulteriores, as quais estarão além da busca do seio, tal dinâmica de execução psíquica continuará sendo apreciada. O bebê tenderá a atribuir a si mesmo o poder de fazer reaparecer o objeto-seio, considerando-se que suas necessidades vitais são supridas mediante a supressão da concretude do objeto, por meio da constituição de sua representação. O próprio eu torna-se esse objeto, confundindo-se com ele. Logo, no início, a identificação primária é dita narcisista, o eu fundindo-se com um objeto que é muito mais uma emanação dele mesmo do que um ser distinto dele, reconhecido em sua alteridade (Green, 1988). Conforme destacado por Green (1988, p. 22),

> [...] o eu nunca pode contar com o objeto para reencontrar esta unidade-identidade que lhe garante encontrar seu centro por ocasião de uma experiência de satisfação sempre insaciada.

Fracassando a experiência fundamental do deslocamento, em busca de um objeto substituto reparador das feridas do objeto originário, toda a sequência de deslocamentos sobre objetos substitutos renovará o fracasso inicial. O eu não poderá jamais substituir totalmente o objeto em um embalo enganador que suporia uma ilusão de autossuficiência.

Para que haja sucesso em todo esse processo inicial, a confiabilidade ambiental dos cuidados concretos de uma mãe real se faz absolutamente necessária. Se essa confiabilidade do objeto externo fracassa em alguma função essencial, isso poderá levar – a depender do trabalho psíquico singular de cada sujeito – a uma qualidade persecutória do objeto interno. Após a persistência da inadequação do objeto externo, o objeto interno pode deixar de ter sentido para o bebê e, então, e somente então, o objeto transicional também ficará sem sentido (Dias, 2017, p. 213). Na ausência de condições suficientemente boas, o desenvolvimento emocional do primeiro ano de vida, no qual se lançam as fundações da saúde mental do bebê, pode ficar comprometido devido às falhas de adaptação.

> Nesse relacionamento inicial entre a mãe e seu bebê estão em jogo dois tipos distintos de identificação: a identificação da mãe com seu filho e o estado de identificação do filho com a mãe (Winnicott, 2013, p. 21).

Na mulher grávida a identificação com seu filho tende gradativamente a aumentar. A criança é associada pela mãe à ideia de um objeto interno, "um objeto imaginado para ser instalado dentro de si e aí mantido apesar de todos os elementos persecutórios que também têm lugar na situação" (Winnicott, 2013, p. 21). O bebê ganha outros significados na fantasia inconsciente da mãe, o citado autor considerando que o traço predominante na mulher é uma vontade e capacidade de desviar o interesse do seu próprio *self* para o filho. Nesse estado em que o psiquismo da mãe e o do bebê estão muito próximos, a verdade inconsciente da mãe é transmitida.

A maternidade não estaria relacionada ao campo do instinto, mas à subjetividade de cada mãe. "A função materna se constrói e se exerce no psiquismo de cada mulher de forma singular, organizando-se em torno da história do sujeito" (Adesse, 2019, p. 15). No sentido de se preparar para constituir outro ser e para constituir a si mesma em função de seu papel materno, não só o corpo da mulher, mas todo o seu psiquismo se transforma radicalmente.

II.3 – A experiência subjetiva da maternidade e seus destinos

Neste tópico nosso objetivo é apresentar reflexões sobre elementos que estariam implicados no fato de algumas mães não conseguirem sustentar o desamparo de seu bebê. Tais dificuldades podem se apresentar, por exemplo, como perda de interesse pela criança, geradora, muitas vezes, no bebê de uma experiência de desintegração, de acordo com as formulações de Winnicott. As renúncias implicadas na experiência subjetiva da maternidade impõem uma carga psíquica à mulher, que, quando não administrada, faz com que ela se distancie dessa vivência. "Sendo madura, a mãe não fica narcisicamente ferida por ver-se esvaziada de sua vida pessoal para dedicar-se à tarefa de cuidar do bebê. A mãe suficientemente boa é devotada ao bebê" (Dias, 2017, p. 115).

Badinter (1994/2011) levanta questionamentos a respeito dos deveres e responsabilidades que a maternidade demandaria. Tais mulheres poderão conservar as vantagens de sua vida habitual após o nascimento da criança? Que aspecto da liberdade elas deverão abandonar? Mediante a fase da preocupação materna primária, a preocupação com ela mesma dá lugar ao esquecimento de si; e ao "eu quero tudo" sucede o "eu lhe devo tudo" (Badinter, 2011, p. 18).

É preciso ter em conta que o investimento na maternidade é atravessado pelas experiências que a mulher teve na relação mãe-bebê com sua própria mãe. Badinter (2011, p. 19) sublinha a maneira como as mães desavisadas podem vir a manifestar seu desabafo em meio à experiência da maternidade: "Impossível ser solicitada assim, impossível que a realização possa nascer dessa dependência, dessa inquietação sem remissão, ou escapatória". Pensamentos ambivalentes de alegria e de esgotamento irrompem no exercício da maternidade e são comuns em todas as mães. Porém, pode haver situações em que essa experiência pode se colocar como vivência psiquicamente insuportável para a mulher, levando a uma impossibilidade de estabelecer efetivo vínculo com o bebê, quando se mostra impossível para a mulher conciliar as exigências contraditórias envolvidas, dentre outros aspectos, acionadas pela mudança radical de vida que a maternidade impõe.

O que orienta a mãe é sua capacidade de se identificar com seu bebê, aptidão oriunda de sua própria experiência de ter sido um bebê, num reviver intenso de memórias corporais de conforto e segurança (Dias, 2017). Tal experiência tende a possibilitar a reprodução desse cuidado. A criança oriunda de um lar carinhoso, no qual se sente cuidada e amada, tende a perceber o mundo como extensão de seu lar. Desse modo, o mundo provavelmente será inferido como lugar acolhedor preservado do sentimento de perigos que estariam à espreita. Por outro lado, o contrário tende a se dar quando o lar é provedor de violência brutalizada, de abuso ou maus-tratos. O sentimento de inadequação e desamparo tenderá, em determinados casos, a se estender para além dos muros do convívio familiar.

O que dizer do ambiente familiar no qual não há demonstração de amor e tampouco se reconhece uma violência explícita, ambiente marcado por uma não presença, por uma indiferença cotidiana? Nesse recorte da violência moral no campo familiar, sinalizamos que esta alude à falta de interesse, à negligência constante e à ausência de atenção à existência da criança. A ausência de investimento configura violência brutal, a qual imprime falta de valor à criança, a presença do cuidador sendo caracterizada nesse caso pela falta de investimento, falta de efetivo cuidado. Muitas vezes esse vivido é fonte de confusão na percepção do infante, no sentido de ele não conseguir vir ulteriormente a nomear o que estaria sofrendo. A suposta "suavidade" da violência moral, exercida, no caso, no registro da indiferença, confunde os próprios infantes agredidos e os que se encontram no seu entorno, dificultando o reconhecimento dessa modalidade de violência.

Em alguns casos, a mulher não teria desejado ser mãe, mas se sentiu impelida a cumprir um papel social sem apresentar inclinação à maternidade. Badinter (1985) nos fala do amor materno como construção social, um desempenho que concedeu à mulher um *status* que favoreceu sua visibilidade no campo social. O amor materno não constitui um sentimento inerente à condição de mulher; Badinter (1985, p. 2) constata a extrema variabilidade desse sentimento e conclui que "o amor materno é um sentimento como qualquer outro, e como tal, incerto, frágil e imperfeito". Badinter (1985, p. 87) menciona a indiferença das mães que perdiam seus filhos em tenra idade na sociedade do século XVIII.

> Em sua tese, F. Lebrun escreve: No plano humano, a morte da criança é sentida como um acidente quase banal que um nascimento posterior virá reparar. Isso atesta a menor intensidade do amor que a mãe dedicava a cada um dos filhos. P. Ariès justificou essa insensibilidade que "é apenas muito natural nas condições demográficas da época" (Badinter, 1985, p. 87).

O amor materno é, portanto, um construto social. Na modernidade, a maternidade tornou-se o caminho por meio do qual a mulher veio a alcançar uma inserção no campo social. Segundo Birman (2016, p. 55) a maternidade tornou-se "o caminho preferencial pelo qual se procurou limitar o anseio das mulheres por outros poderes e lugares no espaço social". Realiza-se, desse modo, uma estrita circunscrição dos espaços sociais de pertencimento para cada um dos sexos e apresenta como correlata uma distribuição de poderes entre o polo masculino e o feminino.

A família foi esboçada como espaço feminino por excelência. Contudo, a mulher respondia pelo desempenho social dos filhos, sendo estabelecido um amor seletivo para os filhos que apresentassem os atributos de distinção social da família, a prole sendo uma extensão narcísica do grupo familiar. Badinter (1985) lança os seguintes questionamentos: os pais amariam a criança de modo seletivo, em primeiro lugar pelo que ela lhes proporcionaria socialmente e pelo que ela os lisonjearia na esfera de seu narcisismo? Seria o amor parental a fabricação de um determinado período histórico? Seria imputado aos filhos que recebiam afetividade o papel de perpetuação do êxito de seu clã?

Nesse período, as mulheres carregavam o peso de cuidar dos filhos, tanto fisicamente quanto moralmente, "tinham lançada sobre si a gigantesca tarefa de reprodução do social" (Birman, 2016, p. 58). Havia efetivamente uma governabilidade do espaço doméstico atrelado à função de procriação, o erotismo sendo considerado problemático e inadequado para elas. As mulheres estariam fadadas à maternidade ao ganhar poder social como figura de mãe. Logo, elas teriam que cuidar das crianças e intermediariam a vida em família. Acreditava-se nesse momento que, ao tornar-se mãe, a mulher encontrava em si mesma todas as respostas à sua nova condição, como se o fenômeno da procriação promovesse automaticamente uma atitude mental. No entanto, a mãe foi uma invenção moderna, posto que anteriormente a mulher era tão somente uma reprodutora. O instinto maternal foi algo construído, dando origem posteriormente ao amor materno como marca da natureza feminina e foi assim que a figura da criança passou também a ser valorizada. Os pais investem no infante, para que no futuro possa realizar os desejos deles; e, por consequência, a vinda de um filho neles mobiliza significativos aspectos narcísicos e edipianos.

Partindo de aspectos culturais e vivenciais, e cientes de que a maternidade é um tema complexo abrangendo diversas áreas de conhecimento, nossa intenção é melhor entender essa questão a partir do ponto de vista psicanalítico, segundo o qual é considerado que para que o investimento materno seja profícuo, a mulher precisa aprender a ser mãe e descobrir a plenitude da maternidade em si própria. O vínculo entre mãe e bebê estabelece os alicerces da saúde psíquica (Winnicott, 2021).

É necessária a presença ativa do outro para a sobrevivência do bebê e o exercício da função materna promove a regulação das excitações pulsionais do infante. Este se encontra em estado de desamparo psíquico em decorrência de sua prematuridade, desamparo que resulta, dentre outros aspectos, do descompasso entre a excitabilidade e a oferta de um objeto com a finalidade de promover a satisfação e aplacar o desconforto produzido pela excitação. A função materna oferta a presença do objeto, a qual, quando efetiva, é capaz de aplacar a sensação de desamparo, desprazer e dor do bebê por meio de uma experiência compartilhada.

II.3.1 – A verdade inconsciente transmitida ao filho

Tornar-se mãe é um percurso que se inicia muito antes do nascimento de um filho. Zornig (2010, p. 456) salienta que esse percurso se inicia na infância de cada um dos pais e que "o nascimento de um filho produz uma mudança irreversível no psiquismo parental, podendo, inclusive, auxiliar na retificação de sua história infantil". No entanto, essa autora põe em destaque as situações em que há falha do objeto primário no lugar do cuidado, pontuando que não se pode restringir a parentalidade à gestação e ao nascimento de um filho, uma vez que as identificações feitas na infância influenciam e determinam o modo como o sujeito a exercerá. Na gravidez,

> [...] o equilíbrio psíquico da mãe encontra-se abalado devido ao duplo *status* do bebê: ele está presente no interior do corpo da mãe e em suas representações mentais, no entanto encontra-se ausente da realidade visível (Zornig, 2010, p. 459).

A mulher se encontra num estado de transparência psíquica, conforme proposto e desenvolvido por Bydlowski (2002). Ela denomina transparência psíquica a dimensão da experiência na maternidade em que fragmentos do pré-consciente e do inconsciente chegam facilmente à consciência da mãe.

Nessa interação entre a mãe e a criança, após ter trazido seu bebê no ventre durante longos meses, é preciso que ela continue ainda a trazê-lo por longo período no interior de sua psique, para poder liberá-lo para a vida psíquica e afetiva. Os conflitos infantis dos pais desempenham papel importante nas identificações da criança; os sintomas que o bebê apresenta trazem, de certo modo, a marca da problemática parental (Lebovici, 1987). Seu eu permanece dependente de um meio circundante cuja influência será decisiva em seu desenvolvimento, tanto pessoal como relacional. Os conflitos inconscientes dos pais estabelecem transmissão consciente e inconsciente de sua história infantil no *infans* e da relação construída com seus próprios pais, fazendo parte da representação de sua própria parentalidade.

O bebê não pode existir separado dos cuidados maternos (Winnicott, 2020). A função materna exitosa qualifica tanto os cuidados físicos quanto os psíquicos da criança. Faz-se necessário pensar o bebê levando em consideração a relação primária estabelecida com seu cuidador, o qual atua acompanhando, sustentando e contendo o pequeno ser composto, de acordo com sua percepção psíquica inicial, como de partes ainda não integradas e sem limites dentro/fora (Adesse, 2019).

Stern (1992) destaca que as representações da mãe sobre sua própria mãe são importante fator de predição do padrão de apego que a mãe estabelecerá com o bebê. Pondera ainda que o aspecto mais preditivo do futuro comportamento materno não é o que ocorreu no passado, mas a forma como sua história passada é organizada em uma narrativa (Zornig, 2010). A narrativa da história vivida pode ser tão relevante como a história em si. Algumas mulheres estabelecem uma correlação evidente entre a situação de sua gestação atual e as rememorações de seu passado, sendo que antigas memórias e fantasias podem sobrevir com força sem serem barradas pela censura (Bydlowski, 2007).

Podemos pensar vários desdobramentos desse momento em que a criança encontra-se diretamente ligada ao mundo emocional inconsciente da mãe por meio de tênues sinais perceptivos. Estes se apresentam a partir da modulação da voz da mãe, das buscas ou de seus retraimentos de contato, da suavidade ou brusquidão de seus gestos, do conforto ou desconforto das posições que ela facultará ao filho, tudo isso como elementos de expressão da verdade inconsciente dela com seu filho. Jeammet (1991) menciona que a mãe se adapta ao filho nele reencontrando emocionalmente a criança que ela própria foi, numa identificação simultânea com sua própria mãe, no período em que esta se ocupava dela, e segundo a maneira como a mãe a ela se dedicava. No reflexo do olhar materno a criança constitui seu eu e provoca "um encontro íntimo da mulher consigo mesma, encontro em que a criança só pode ser representada por elementos do passado" (Zornig, 2010, p. 460).

O nascimento de um filho acarreta significativas transformações no psiquismo dos pais. Alguns autores, que se dedicam especialmente à análise dessas questões, como, por exemplo, Konicheckis (2008), Golse (2006) e Stern (1997), salientam a dimensão simbólica do acesso à parentalidade. Stern (1997) indica que o nascimento de um filho provoca uma neoformação psíquica, mostrando como a inclusão do bebê no psiquismo parental produz mudanças profundas e irreversíveis.

A maternidade introduz uma dialética entre o bebê interno e o bebê como objeto externo, isto é, o bebê que a mãe foi e o bebê de que ela cuida (Golse; Bydlowski, 2002). Assinala Zornig (2010) que o trabalho psíquico realizado pela mãe se inicia na gravidez com reativação de seus objetos internos, como metáfora de seu passado, de sua própria infância, na direção de gradual reconhecimento do bebê como alteridade. Tal dimensão subjetiva vai além das representações parentais. Essa passagem ocorre de forma gradativa e decorre da possibilidade de haver desinvestimento progressivo do objeto interno em benefício do bebê como objeto externo à mãe. A autora menciona que é recorrente algumas mães tentarem reter o objeto interno perdido, sinal de dificuldade em olhar para o seu bebê como ser singular. Para que um bebê sobreviva física e psiquicamente é preciso que possa vir a ser inscrito em uma história familiar e transgeracional. Essa dimensão ascendente da transmissão é fundamental, pois:

> Somente o reconhecimento do filho em sua diferença permite aos pais construir uma relação com a marca do novo e da criatividade, indo além de uma repetição do passado e permitindo que o bebê se aproprie das marcas e inscrições de sua história relacional inicial (Zornig, 2010, p. 462).

A qualidade da relação da mãe com o *infans*, por meio dos cuidados exercidos, deve satisfazer funções essenciais no funcionamento psíquico da criança. A questão da dimensão narcísica é fundamental para se compreender a maternidade como experiência subjetiva que vem aproximar a mulher de um tempo arcaico da construção de seu próprio psiquismo, tempo que também a expõe a porosidade das fronteiras. A mãe entra em contato com a experiência da vulnerabilidade experimentada por ela nos primórdios de sua vida psíquica, experiência que é revivida por meio do cuidado dedicado ao seu filho. Algumas mulheres estabelecem correlação evidente entre a situação da gestação atual e as rememorações de seu passado; antigas memórias e fantasias sobrevêm com força sem serem barradas pela censura (Bydlowski, 2007).

Jeammet (1991) apresenta uma reflexão com base nessa verdade que toca no plano inconsciente da mãe: esta não poderia ser considerada totalmente responsável, pois traz em si a verdade das suas identificações com a própria mãe. E como poderá ser responsável pela mãe que teve? Como podemos desdobrar tal reflexão sem, no entanto, anular a responsabilidade da mãe que se é apesar daquela que se teve? Ao ressaltar esse aspecto de identificações cruzadas pondo em evidência como a maternidade desperta os conflitos que marcaram a relação da mulher com sua própria mãe, vemos como a maternidade representa uma vivência de crise. Mas, ao mesmo tempo, esta pode permitir a elaboração de conflitos latentes até então ou, inversamente, fazer desmoronar um equilíbrio, mesmo frágil, mantido até então (Jeammet, 1991). A experiência da maternidade faz reviver todas as antigas feridas narcísicas da mãe, tudo o que se recebe como herança transgeracional sob o efeito da transparência psíquica, mediante certa suspensão do recalcamento (Adesse, 2019).

Se o objeto exterior é ou foi não fiável, impondo ao bebê experiências repetidas de decepção ante as expectativas de prazer pacificador das experiências más, solicitando mecanismos de expulsão, isso pode impedir que se construa favoravelmente um mundo interior, obrigando, posteriormente, como destino possível, à busca de reforço por meio do domínio sobre o mundo exterior, vivido como ameaçador (Jeammet, 1991). Não tendo havido efetiva interação como fonte de prazer, não será tecido no *infans* um espaço de experiências compartilhadas com a mãe pelas quais ele pudesse saborear o prazer de ser-um com alguém suficientemente diferenciado. Para que tal experiência ocorra faz-se necessário tornar possível para o bebê um espaço de continuidade entre o eu e o não-eu.

Essa área compartilhada de encontro afetivo afeta ambos os parceiros da díade, mesmo que de modo dissimétrico. Caberá à mãe a tarefa de atribuição de sentido, mediante afeto que ela deverá sentir nela própria, permitindo-lhe satisfazer e apaziguar as intensidades pulsionais do bebê. No interior da vida psíquica e afetiva da mãe, esse bebê criará sua vida psíquica e afetiva na qual será construído um eu feito de redes de significação. Contudo, essa criação só poderá brotar de um espaço experimentado de confiança proporcionado pelo meio circundante. Inicialmente, na formação do psiquismo de cada um, não existe possibilidade de discriminar estímulos interiores e exteriores, o dentro/fora, a relação discriminada mãe/bebê; o que este distingue de imediato se limita ao registro do prazer/desprazer. O prazer é experimentado como o que é bom e apaziguador e o desprazer como aquilo que é mau e que irá forçá-lo a reagir, expulsando o que é intolerável. Gradativamente o bebê precisa aprender a lidar com a descontinuidade e com a ausência. A adequação do desejo à realidade se dá somente no ódio e na recusa de que o outro possa ser reconhecido como outro, e a realidade como realidade (Jeammet, 1991). Assim, amar e odiar se revezam nessa experiência de aprendizado de afetos.

II.4 – O narcisismo na base da perversão narcísica

Como avançado, as vivências implicadas no encontro primordial com o outro se inserem na base das experiências iniciais, no encontro primordial com o outro, com sua alteridade. Estas cristalizam ao nível das emoções e constroem um ninho afetivo para a criança que está para nascer. O ninho proposto pela mãe é encontrado/criado pela criança que se utiliza da própria mãe, e que, nesse movimento, serve ela própria de ninho à sua mãe (Jeammet, 1991). Porém, vale salientar que cada criança estabelece com sua mãe um diálogo absolutamente original e particular, pois se encontra numa interseção singular da história pretérita e presente desta. Os modelos identificatórios e as relações vividas são constitutivas e modelam o psiquismo do sujeito, o narcisismo encontrando-se diretamente referido a um espaço único a ocupar e a preencher no mundo. No olhar de um outro constitui-se um lugar para ser e criar (Jeammet, 1991), espaço no qual se ausentam os objetos amados a fim de deixarem a criança desejar e criar a partir do que é por ela recebido.

De modo a exercer o papel de mãe suficientemente boa a mulher precisa sustentar o trabalho de continuidade psíquica construída para si mesma para dar conta das necessidades essenciais de seu bebê. Jeammet (1991) destaca o aspecto do vivido de continuidade indispensável, consistindo na continuidade do tempo por meio das experiências de prazer repetidas de maneira previsível; e a continuidade no espaço com um momento de coincidência desejo/realidade, mãe/bebê, a mãe devendo viver isso na ordem da mutualidade. Contudo, para proporcionar ao filho uma experiência de continuidade a referida autora defende haver uma única via possível: ela deve ter condições de ter construído e manter garantido o sentimento da sua própria continuidade de si, de modo a permanecer ligada ao objeto sem permitir qualquer afastamento fantasmático ou afetivo. "A articulação continuidade/descontinuidade, ou ausência/presença, mundo interior/mundo exterior é o lugar exato do paradoxo, que se faz fonte de vida" (Jeammet, 1991, p. 109).

Ao nos apoiarmos nas reflexões winnicottianas, observamos ainda que o rosto da mãe é o espelho sobre o qual se vão refletir as diversas emoções por ela sentidas a partir das quais a criança aprenderá a sentir-se amada ou a sentir-se objeto de enervamento ou de indiferença. Se nenhum traço do rosto da mãe se altera quando a criança se olha nesse espelho, ela não terá à sua disposição os meios que lhe permitiriam distinguir aquilo que diferencia o animado do inanimado, uma pessoa de uma coisa (Jeammet, 1991). Uma criança abandonada a si própria não seria mais do que um caos sem sentido, à mercê de um cuidador que a lança em constante instabilidade psíquica e emocional. Somente a mãe tem à sua disposição representações às quais pode ajustar as vivências de prazer e desprazer oferecendo à criança possibilidade de ligação para organizar suas sensações.

Retomando neste ponto o foco central de nossa investigação – a problemática da perversão narcísica, a violência moral –, esta parece ter como uma de suas determinações essenciais a presença de falhas narcísicas iniciais, a partir das quais o sujeito, ao invés de voltar-se para si, buscará ulteriormente, como defesa extrema, no poder exercido sobre o outro uma forma de sustentação e preenchimento de seu próprio narcisismo. Pressupõe-se, portanto, um estado de dependência do outro no estabelecimento dessa relação patológica. "A impossibilidade de saciar a necessidade de domínio provoca a raiva narcisista" (Green, 1988, p. 46), pois o desejo do outro constitui um obstáculo.

Conforme Green (1988, p. 55) salienta, a figura de Narciso retrata um "ser único, todo-poderoso pelo corpo e pelo espírito encarnado no seu verbo, independente e autônomo sempre que queira, mas de quem os outros dependem sem que ele se sinta portador em relação a eles do menor desejo". Green (1988, p. 211) apresenta como característica desse perfil "o apagamento dos traços do Outro no Desejo do Um". Tal completude narcisista não seria um signo de saúde, mas miragem de morte, pois "ninguém é o que é sem objeto".

Podemos perceber, dessa forma, que a perversão narcísica, como modalidade de resposta egoica, se apresenta como tentativa desesperada de se evitar a perda do eu, a despersonalização ou mesmo a psicose (Angelerques; Karnel, 2003). Trata-se, na mente do agressor, de uma estratégia extrema pela sobrevivência psíquica, devido, dentre outros fatores, a uma particular dificuldade de separação de um objeto primário que fora vivido como particularmente intrusivo ou ausente. O agressor quer se separar desse objeto que lhe fez mal, mas teme não sobreviver caso consiga efetivar essa separação. Esse temor se justifica, justamente porque ele não contou suficientemente com esse objeto para integrar-se, considerando-se que a perversão narcísica, conforme temos procurado mostrar, se ancora numa experiência subjetiva primária de falha ambiental, nos termos de Winnicott (1983, p. 58; p. 64), que toma lugar desde os primeiros meses de vida. O indivíduo odeia o objeto primário por ele ter falhado, mas precisa do objeto, do outro, justamente porque, devido a essa falha primária, sente que não sobrevive sem ele. Seria preciso parar de odiá-lo para sobreviver, mas o sentimento inconsciente do agressor é o de que o fim do ódio ao outro, do qual se nutre, corresponderia ao fim de si mesmo. A função do ódio em seus aspectos destrutivos é o que faz com que se rejeite o outro externo, aquele que não é o si mesmo.

A onipotência do pensamento é um dos primeiros aspectos sob os quais o narcisismo se apresenta para Freud (1914), no qual a ênfase é posta sobre a conservação de si mesmo, a autonomia e a insubmissão; assim como no vazio relacional, ou no exagero de um investimento narcísico de exclusão, entrecortado por recusas múltiplas, em que os outros não têm o direito de representar a si próprios. Racamier (1986/2012) postula que na perversão narcísica parece ter havido uma aliança do narcisismo com outros dois elementos: a destrutividade e a tendência à extraterritorialidade, no sentido de o sujeito buscar comprometer a psique do objeto dominado. A perversão em destaque aqui – conforme temos acompanhado e enfatizado como foco da pesquisa – é de natureza não sexual; no entanto poderá servir ao objetivo sexual por meio da manipulação psíquica. Existe uma dinâmica vampiresca em que o perverso usurpa o lugar do outro, negando-lhe o direito ao próprio narcisismo.

Tais sujeitos agem produzindo uma invasão da mente ao instalar culpa em suas vítimas. O mal é banalizado e a vítima passa a duvidar de suas próprias percepções. Na obra *La perversion narcissique et son complice*, Eiguer (1989) salienta que a vítima/cúmplice acaba por aceitar todo tipo de compromisso em detrimento da própria autoestima, executando, muitas vezes, atos contrários à sua própria moral por sentir-se como um herói chamado a um grande combate em que suas virtudes reparadoras estão sendo postas à prova. Além disso, conforme pondera Freud (1914), o narcisismo de uma pessoa exerce grande fascínio naquelas que desistiram da dimensão plena de seu próprio narcisismo e estão em busca de um amor objetal. Ressalta, por exemplo, que a atração de um bebê se deve em grande parte a seu narcisismo, sua autossuficiência e inacessibilidade.

Conforme veremos no capítulo seguinte, nem todas as mães têm meios psíquicos suficientes para levarem à prática sentimentos de ternura endereçados ao filho. A fim de não ser arrastada para uma experiência que lhe faria perder o domínio da relação, ou lhe faria se sentir dependente de alguém, ela pode distanciar-se de qualquer possibilidade de identificação com seu filho.

CAPÍTULO 3

A INDIFERENÇA DO OUTRO PARENTAL: UMA FIGURA DA VIOLÊNCIA MORAL

Como vimos no capítulo anterior, é nos primeiros estágios de intercomunicação do bebê com sua mãe que se estabelecem as bases para a futura saúde mental desse bebê. O êxito dessa relação se traduz na forma de um crescimento pessoal possibilitado por provisão ambiental bem-sucedida. A psicanálise reconhece a instabilidade psíquica e emocional que as mães vivenciam na maternidade e que tal experiência é disruptiva. No período em que a mãe vivencia a experiência da preocupação materna primária – o que Winnicott (2020) apresenta como um estado que pode durar algumas semanas ou mesmo meses após o parto – a mãe quase se perde numa identificação com seu bebê. Nessa condição, ela assume a vulnerabilidade do filho.

É a capacidade materna de corresponder às mudanças e às necessidades nas fases de desenvolvimento de seu bebê que permite que ele experimente estados de confiança, inicialmente não integrados. Winnicott (2020, p. 113) assegura que "o bebê passa a acreditar em uma confiabilidade nos processos internos que levam à integração em uma unidade". O autor salienta que o bebê não registra o que é comunicado, mas apenas os efeitos da confiabilidade, gravados na forma de um desenvolvimento constante. Essa relação, quando exitosa, transmite um sentimento de ser amado. Para tal, a mãe deve estar emocionalmente investida e disponível para o confronto de desamparos, pois "o bebê se comunica por meio de seu desamparo, de sua dependência" (Winnicott, 2020, p. 118).

Pensando a função materna no enlace com o outro primordial, constata-se que alguns bebês se deparam com dificuldades para alcançar o estatuto de Sua Majestade o Bebê (Freud, 1914). Discutindo as questões do laço simbólico entre mãe e bebê, nas quais a função que a mãe exerce ocupa lugar especial na constituição psíquica do bebê, Jerusalinsky (2012, p. 83) salienta que "a criança existe psiquicamente na mãe muito antes de nascer, muito antes de ser gerada". O bebê já nasce imerso em um universo simbólico. Contudo, o encontro real poderá não corresponder ao que seria esperado.

O estabelecimento dos vínculos afetivos contribui para que os elementos transmitidos pelas gerações anteriores funcionem como precipitados e cristalizações, configurando microuniversos relacionais dentro dos quais as interações acontecem. Pode-se destacar, então, que os princípios que compõem a análise da transmissão psíquica, como a importância das relações intersubjetivas, os mecanismos de defesa que sustentam a transmissão de conteúdos não elaborados, a função da transmissão, e as formas de apropriação são primordiais para a compreensão mais aprofundada do processo de formação do vínculo mãe-filho (Gutierrez; Pontes, 2011).

A construção da alteridade demanda disponibilidade psíquica para que haja trocas prazerosas nessa relação. Concomitantemente, realizam-se o processo de constituição psíquica do bebê e o da construção da maternidade. O desencontro na relação mãe-bebê, que pode resultar na ruptura da díade, pode ocorrer a partir da insuficiência ou ausência do olhar. Este funda a própria possibilidade da constituição da imagem com o corpo na relação com o semelhante, sendo que o não olhar entre uma criança e sua mãe assinala o perigo de problemas muito cedo na relação com o outro (Laznik, 2004).

Afirma Inglez-Mazzarella (2006) que "toda a vida psíquica se encontra no impulso para transmitir algo: afetos, mecanismos de defesa, sintomas, traumas..." (p. 80). A transmissão de sentimentos entre mãe e filho inicia-se durante o período fetal, durante o qual a criança já absorve as mensagens que lhe são transmitidas, e se intensifica após o nascimento, por meio dos cuidados a ela dispensados (Gutierrez; Pontes, 2011). Quando essas mensagens são transmitidas sem significação, se tornam sem possibilidade de integração no psiquismo da criança, que delas se torna depositária e forçosamente herdeira, acarretando, muitas vezes, prejuízo para sua individuação, seu processo de singularização sendo, desse modo, comprometido (Inglez-Mazzarella, 2006). Se os conteúdos transmitidos forem muito negativos e invasivos, a criança, por não contar com um psiquismo maduro o suficiente para compreendê-los, corre o risco de se identificar com o negativo, com aquilo que não pôde ser elaborado no psiquismo de seus pais.

Assim, para "libertar" os pais, a criança se constitui num "continente de negativo". Para isso, ela toma o lugar daquilo que deveria ser mantido escondido, daquilo que não deveria ser dito nem pensado "A criança não é mais herdeira, mas torna-se o negativo de seu conteúdo" (Granjon, 2000, p. 30). O infante pode, assim, se ver no papel de ter que preencher um vazio de alguém que não pôde realizar seu luto, que não pôde diferenciá-la como ser separado. Este que a obriga a ocupar esse lugar pode ser a própria mãe, com seus desejos, transmitindo algo que a criança não pode simbolizar. A presença do objeto é imprescindível para possibilitar a representação de sua ausência, para permitir a instauração dos limites entre interno/externo e entre as instâncias psíquicas. Supomos haver potencialidade traumática naquele que é cuidado diante da ausência de efetivo investimento por parte do cuidador. Referimo-nos, particularmente, à dimensão de indiferença que pode caracterizar essa relação.

As raízes da experiência traumática na vivência de indiferença encontram seu ponto de partida numa violência vivida no primeiro contato com a alteridade. A violência exercida por meio da indiferença se articula, como desejamos mostrar, com a problemática da perversão narcísica – nosso foco central –, a qual não se exerce necessariamente como violência atuada, mas pode se dar como violência indireta atinente à recusa da alteridade. Jeammet (2001) destaca a violência moral de pais gentilmente narcisistas numa obra que apresenta clássicos da literatura apontando essa violência invisibilizada, muitas vezes desmentida pelos olhares externos, pois nesse tipo de situação, os pais são considerados como aqueles que, como suposição básica, estão no lugar inarredável do amor e do cuidado. A indiferença pela ignorância de vínculo, mencionada por Jeammet (2001), é a indiferença do ambiente aliada à sensação de incomunicabilidade sofrida. A autora, ao abordar os tipos de violência que as crianças sofrem por parte de seus pais gentilmente narcisistas, indica que o controle, assim como a indiferença, pode levar à aniquilação do outro. Jeammet (2001) explora situações banais que aportam violência e destruição. No estudo que essa autora realiza, o recorte concerne ao apagamento silencioso pelo outro. Nesse caso, aos poucos, a mãe, ou cuidador, se retira da relação estabelecendo congelamento afetivo, uma toxicidade veiculada pela vivência de indiferença. Esse será o objeto central do que desenvolveremos neste capítulo.

III.1 – Desencontro e alteridade: violência moral de "pais gentilmente narcísicos"

A violência perversa nas famílias constitui uma malignidade difícil de ser detectada e tende a ter caráter transgeracional no que concerne às suas determinações inconscientes. O desamor constitui uma modalidade de violência e se refere a um sistema de destruição que, em determinadas famílias, desaba sobre uma criança. Nesse caso, não se trata apenas de ausência de amor, mas de uma violência constante que o infante interioriza a ponto de, muitas vezes, vir a assumir, como resposta defensiva extrema, a violência exercida sobre ele por meio de comportamentos autodestrutivos ou heterodestrutivos. Os maus-tratos psicológicos são difíceis de detectar, pois a criança não consegue reagir porque "a força e a autoridade esmagadora dos adultos deixam-nas mudas podendo fazer com que percam a consciência" (Hirigoyen, 2014, p. 47).

Tais formas de violência podem ser exercidas por meio da violência verbal, recusa afetiva e de comportamentos sádicos e de desvalorização. Jeammet (2001) põe em destaque a violência moral de "pais gentis" que se estabelece mediante uma rejeição afetiva sutil. Tais cuidadores não são violentos porque batem, agridem ou usam palavras hostis, mas porque não manifestam real interesse por seus filhos. Apesar de se comportarem de modo gentil e serem solícitos em relação às necessidades do infante, estão desinvestidos dele afetivamente.

Nas violências exercidas por pais gentilmente narcisistas, os genitores parecem, em determinados casos, agir para assegurar sua própria bondade pelo medo inconsciente de serem atacados ou abandonados pela criança. Suprir a criança é preencher a si mesmo tentando evitar sentir seus próprios sentimentos negativos. Nesse cenário, a mãe não protege adequadamente seu bebê de experiências ruins, pois em vez de levar em conta as necessidades da criança, tende, muitas vezes, a impor sua própria vontade. Um ódio não expresso pode manter sua fantasia potencial, sendo que esse ódio negado tenderá a permanecer inconsciente e ativo na mãe por meio de um trabalho silencioso de ataque (Zornig, 2015).

Os pais negligentes no papel do cuidado podem ser considerados como agentes de violência, posto que a negligência não é inócua. Os efeitos da incúria com sua prole reverberam na fase adulta do sujeito. Ao contemplar as relações familiares e o exercício do cuidado materno não buscamos mostrar os efeitos da impossibilidade do lugar do cuidado, mas salientar o potencial traumático para aquele que é cuidado. O traumático da vivência de indiferença afetiva se apresenta como uma forma singular de padecimento psíquico. A indiferença como acontecimento permeado pelo excesso constitui impressões psíquicas que escapam ao circuito representacional.

Desse modo, a violência moral de "pais gentis" promove uma experiência traumática devido à incapacidade parental de fazer a criança sentir-se amada. O campo de sua percepção fica comprometido.

> A criança não pode construir percepções reais a não ser em um clima seguro e confiável, no qual sabe onde está situada em relação a cada um dos pais; sabe o que é para eles, que é amada e aceita por cada um deles (Schor, 2017, p. 101).

O infante vê-se obrigado a se proteger das experiências de dar e receber, pois os pais não são capazes de sustentar seu investimento numa relação emocional. Fairbairn (1941, p. 32) menciona que "o maior trauma que uma criança pode experimentar é a frustração de seu desejo de ser amada como pessoa e que seu amor seja aceito".

Esse autor salienta que ser amado como pessoa significa ser reconhecido como ser único e aceito em sua singularidade. A partir de tais considerações, compreendemos os pais gentilmente narcisistas como infanticidas do eu, o *self* da criança tendendo a ser anulado diante da frieza e da indiferença parental, o que configura uma experiência de excesso. A indiferença experimentada consiste numa modalidade de abuso que esvazia, desvitaliza e debilita psiquicamente. O apagamento do eu se dá mediante um processo silencioso e imperceptível tanto para o infante quanto para o entorno social.

III.1.1 – Uma ilustração

O filme apresentado e comentado a seguir será trazido como elemento de análise acerca da questão da impossibilidade do lugar do cuidado materno e os desdobramentos do potencial traumático da vivência de indiferença, presentes nessa narrativa específica, na relação com o filho.

"Sem amor" é um filme russo do diretor Andrey Zvyagintsev Ariocha, que apresenta a história de um casal em processo de separação que negligencia o lugar do cuidado parental. Ambos aguardam a venda do apartamento para seguir suas vidas em novos relacionamentos. Contudo, o filho Alexey, de 12 anos, não faz parte dos planos de reconstrução familiar. Os pais conversam sobre a intenção de enviarem a criança a um internato para que, ao completar 18 anos, ele siga para o alistamento no exército. A perversão moral já se enuncia no diálogo dos pais mediante a preocupação com a possível reação que poderão ter os assistentes sociais, psicólogos infantis e a ouvidoria ao saberem da intenção deles de optarem pela ida do menino para o internato. Em momento algum Alexey é questionado sobre seu desejo de morar com um dos pais, ou mesmo se teria por objetivo estudar em um internato. O contraste do lar, aconchegante materialmente, mas sem amor e acolhimento, é refletido nas lentes do diretor pela cena do menino, ainda acordado, ouvindo atrás da porta a conversa dos pais sobre seu destino, sendo tomado pelo sentimento de desamparo e pelo pranto.

O olhar da mãe é constantemente atraído para o celular durante os momentos em que ela está com o filho. É exibido ao espectador o perfil que ela descreve nas redes sociais em que não há registro da existência da criança, sua atenção sendo exclusivamente direcionada ao seu novo relacionamento. O pai compartilha uma moradia com outra mulher, que já se encontra grávida. Ambos esperam a venda do apartamento para levar adiante os planos de se desfazer do filho e do casamento.

Alexey, após ouvir a conversa, sem que seus pais saibam, desaparece por dois dias. No entanto os pais desconhecem o paradeiro da criança por não terem dormido em casa. Ao receber a ligação da escola reclamando a ausência do menino nas aulas, a mãe percebe a sua própria negligência. A polícia é acionada e, em seguida, alguns grupos de busca entram em ação. Após vários meses, a criança permanece desaparecida, até que certa manhã os pais são chamados a reconhecer o corpo de um menino encontrado no rio, ambos os pais se veem diante do impacto da perda do filho, manifesta na negação do reconhecimento desse corpo. A culpa inadministrável invade o casal no registro de uma existência sombria e desvitalizada de suas novas vidas.

A recusa do filho e o desprazer no que tange à função materna são expressos na fala de Zhenya, mãe de Alexey, em tom de confidência a seu caso extraconjugal: "Fiquei grávida de burrice". "Tive medo de fazer o aborto e tive medo de manter", "Eu não queria aquele filho", "Quando o trouxeram para mim eu mal conseguia olhar para ele. Senti repulsa", "Eu nem estava produzindo leite".

Com relação à história de seu casamento, a saída de sua cidade para se casar se deu devido à insuportável convivência com sua mãe, que, além de não expressar amor, tratava-a com extrema irritabilidade exercendo, sob diferentes aspectos, abuso psicológico. O casamento foi um movimento de libertação da referida antiga condição e a gravidez um acontecimento que, além de não ter sido planejado, não foi bem-vindo. Após o nascimento da criança, Zhenya não se permite afetar pela vulnerabilidade do bebê, não sendo capaz de excluir do seu cotidiano outros interesses, nem mesmo de maneira temporária, de modo a manifestar uma "preocupação materna primária", como capacidade de se identificar com seu bebê.

O pai, por sua vez, precisava constituir família para garantir uma posição na empresa em que trabalhava. O filho, no vivido subjetivo que ele parece expressar, era um acessório necessário à sua ascensão profissional. Crespin (2004) denomina "catástrofe subjetiva" o desinvestimento do bebê real por parte das figuras parentais, que pode ser traduzido como abandono. Alexey não encontrou amparo na relação parental desde seu encontro inicial com seus cuidadores.

A violência moral exercida por essa dupla parental atingiu um potencial destrutivo que acabou culminando ulteriormente no suicídio de Alexey. Nessa relação está presente uma marca de não reconhecimento daquilo que é mais próprio da singularidade do sujeito, seu existir.

A recusa do filho está presente na fala de Zhenya, ao pontuar, por exemplo, a chegada do bebê como um estranho: "Quando o trouxeram para mim, eu mal conseguia olhar para ele. Senti repulsa". Destacando outra fala da personagem: "Eu nem estava produzindo leite", podemos refletir sobre sua indisponibilidade afetiva ao nos reportarmos a uma das acertadas formulações de Winnicott (2020, p. 93-94), segundo a qual o leite materno não flui como excreção, mas como "uma resposta a um estímulo que envolve a visão, o olfato e o toque de seu bebê, além do som de seu choro, que indica uma necessidade". O autor aborda o desenvolvimento emocional primitivo, que consiste no potencial inato de desenvolvimento e maturação do bebê; e o ambiente, que apoia, falha ou traumatiza (Santos; Zornig, 2014).

Alexey experienciou um apagamento silencioso sendo removido da relação com os pais mediante um congelamento afetivo, tornando-se um empecilho para a vida de ambos, de acordo com a maneira como esses vivenciaram a existência do filho.

III.2 – A vivência de indiferença e suas implicações

Jeammet (2001) postula que a maneira como aprendemos a amar o outro é aprendida a partir de certas experiências fundantes: na concavidade dos braços maternos que sustentam o bebê, se aprende o amor. Nos braços e por meio do olhar do cuidador, se obtém o apoio para aprender a qualificar os próprios sentimentos. No entanto, quando não existe real interesse por parte do cuidador e seu manejo não é investido afetivamente, a desimplicação relacional pode apresentar potencial traumático para aquele que é cuidado. A segunda experiência se baseia na maneira como o pai se impõe ou não nessa relação inicial com a figura materna. A terceira experiência se dá a partir da forma como os pais se amam entre si; uma criança precisa que seus pais se amem e se reconheçam em suas diferenças; nesse caso, se estabelece certa garantia para que o infante venha a se permitir ser diferente, sem o medo de perder o amor dos pais (Jeammet, 2001).

Essa autora aborda a violência moral como modalidade de violência exercida de forma invisível na relação com o outro, sob o pretexto de bons sentimentos. Nesse caso, a criança é presa em um modo de funcionamento relacional de comportamentos destrutivos, nos quais é manipulada de maneira permanente. A violência advém de forma indireta, como consequência da dificuldade existencial interna do agressor, o qual parece se preocupar unicamente com a própria necessidade de se autoafirmar e de suprir a si mesmo.

O ponto de reflexão que o estudo de Jeammet (2001) nos traz é a abordagem de certas violências que nascem de um ambiente supostamente amoroso e pacífico. Nesse caso, a violência moral é exercida na relação com o outro sob a capa de bons sentimentos, algo não facilmente discernível. Trata-se de uma modalidade de violência que não é conscientemente reconhecida por quem a exerce, acontecendo indiretamente. Isso se dá, muitas vezes, por consequência de dificuldades existenciais internas no universo psíquico da figura materna, dificuldades que parecem revelar uma dinâmica em que o outro é radicalmente ignorado. Essa forma de violência está relacionada com o desconhecimento do lugar do outro.

Segundo Jeammet (2001), ao investigarmos os elementos psíquicos implicados naqueles sujeitos que desconhecem o lugar do outro, somos interrogados sobre a questão dos limites e dos impasses no processo de construção de uma representação aceitável de si. Essa falta pode obrigá-los, justamente, a usar, manipular constantemente, de modo a carregar as próprias baterias e superficialmente parecerem infantilmente bons, aos seus próprios olhos. A violência moral atinge o outro em sua necessidade existencial de ser reconhecido e levado em conta, afetando, assim, sua identidade. A criança apanhada nessa espiral de violência a ela dirigida tem com frequência pais supostamente devotados e de boa vontade, sendo que nessa gentileza relacional dos pais o que pode estar em jogo é uma impossibilidade de se viver qualquer conflito interno.

A suposta gentileza, nesse contexto, impede uma comunicação real, feita de acolhimento, assim como uma efetiva abertura ao confronto e ao conflito. Estamos aqui abordando as situações em que tende a existir na relação com o outro um extremismo de doçura, sem que, no entanto, se encontre uma aliança, um equilíbrio mantenedor de um real vínculo com o outro. É, portanto, essa impossibilidade de abertura para o outro que caracteriza as situações às quais nosso estudo dirige seu foco, ou seja, sobre a violência encoberta, insidiosa no seio das relações familiares.

Na inviabilidade de detectar a origem do sofrimento imputado, o filho se vê destituído de aptidão para reconhecer a indiferença como violência, muitas vezes, confundindo gentileza com atenção. O hiato afetivo não é percebido como indiferença, mas como incapacidade do próprio infante em corresponder às expectativas, não se achando interessante o suficiente para atrair o olhar e despertar o interesse dos pais.

Frequentemente nos deparamos com uma violência concebível, que se revela e que todos conhecem, tendo vivenciado ou não. É uma violência inaceitável, mas reconhecida, que tem o seu lugar em nosso quotidiano. Nos impacta, nos provoca sobressalto e estarrecimento, mas é normalizada. Desse modo, não percebemos a outra violência, aquela que é oculta e escapa à percepção, a que não é nomeada e que

Mancel (2007) apresenta como: violência insidiosa. Esta diz respeito a uma atmosfera, não se trata de um ato, mas de um processo. Essa violência é insidiosa porque envolve ação deliberada. Insidioso é o que o agressor faz para que o outro consiga negar a si mesmo. O sujeito afetado não sabe mais nada, está no escuro. Não consegue se expressar, pois se encontra engolfado em um contexto que não está muito claro (Mancel, 2007).

III.3 – A dimensão narcísica no âmago da violência familiar insidiosa

O aporte teórico de Green (1988), conforme já foi mencionado anteriormente, nos revela que o retrato de Narciso pode ser pensado como ser único, todo-poderoso pelo corpo e pelo espírito encarnado no seu verbo, independente e autônomo sempre que queira, mas de quem os outros dependem sem que ele se sinta portador do menor desejo em relação a eles. O narcisismo foi apresentado como o Desejo do Um. A relação narcisista não pode conceber o outro a não ser segundo o modelo do Um. Podemos considerar que a indiferença estaria fundamentalmente referida aos primórdios da constituição psíquica, em uma fase em que o ego estava totalmente alienado ao objeto, "o que implica a negação da existência separada do objeto em prol de um domínio primordial de si, condição para a edificação das barreiras egoicas" (Efken, 2014, p. 34).

Os perversos narcísicos apresentam falhas graves na constituição do eu. Para Freud (1914) tais alterações deixam o eu relativamente vulnerável às emergências pulsionais, às pressões da realidade e às interdições e às prescrições superegoicas, aos conflitos intrapsíquicos e intersubjetivos (Figueiredo, 2018).

Ancorada na qualidade dos vínculos primários se estabelece a progressiva diferenciação entre sujeito/objeto. Em função de sua condição de prematuridade, o bebê somente sobrevive a partir das ações de um cuidador. Conforme sublinha Hornstein (2009, p. 41), "a mãe tem a difícil tarefa de estimular a atividade pulsional e de contê-la, de se oferecer e de se recusar como objeto de prazer". Ao considerarmos a complexidade do processo de constituição subjetiva em nossos desenvolvimentos anteriores, buscamos destacar os efeitos da experiência de indiferença nos encontros inaugurais do sujeito psíquico.

Moraes e Macedo (2011, p. 44) propõem que a vivência de indiferença evidencia a incapacidade do objeto primordial de "dirigir um olhar amoroso para a criança que permita percebê-la, apaziguá-la e investi-la libidinalmente". As autoras salientam que não se trata do desdém da oferta por parte do adulto à criança, mas de uma marca de não reconhecimento daquilo que é mais próprio da singularidade desse outro: seu existir (Moraes; Macedo, 2011).

Logo, a precariedade de recursos psíquicos do eu evidencia a impossibilidade de captar os movimentos e as demandas da criança como expressões de diferença que, em sua existência, ela dirige à mãe. Trata-se de uma dinâmica de construção narcísica alicerçada na precariedade de relação com o outro, buscando incessantemente apagar a diferença que o outro constitui. O conceito de indiferença entra em cena articulado aos diferentes processos de constituição subjetiva e como vivência do sujeito, referida a uma experiência de desencontro primordial, da qual poderá vir a resultar o predomínio de um desconhecimento a respeito de si mesmo. Moraes e Macedo (2011) ressaltam que como resultante desse encontro traumático instala-se uma matriz reprodutiva das intensidades atordoantes experienciadas pelo sujeito.

> As vivências traumáticas são impactantes e engendram pactos mortíferos aniquiladores da condição de ser e estar no mundo, danificando a condição de existir como um sujeito psíquico, reconhecido e investido como tal no campo da alteridade (Dockhorn; Macedo, 2016, p. 155).

As pessoas marcadas por essa vivência frequentemente se apresentam em estado de desorientação e sensação de inexistência e inoperância.

A indiferença se apresenta como experiência vivenciada nos primórdios da constituição psíquica podendo ser compreendida como ausência da condição de ajuda alheia. Não ser reconhecido pelo outro é o que caracteriza a vivência de indiferença, a qual, estando inserida no registro do narcisismo, tem caráter estruturante como negação indispensável para a criação de um espaço necessário à afirmação primordial de si (Green, 2007). A dimensão da vivência de indiferença diz respeito a uma modalidade de violência imposta ao infante por parte do cuidador num tempo primordial. É marcada pelo excesso pulsional causado pela negligência, que pode ser compreendida como ausência do cuidado materno.

O desamor também constitui uma violência. Jeammet (2001) ressalta que o agressor, sendo nesse caso aquele que está no lugar do cuidado, pode exercer sua violência fazendo a criança pagar pelo sofrimento que ele próprio vivenciou. Portanto, a indiferença desferida à criança pode levar, como resposta defensiva, à reprodução do que foi experimentado com seus próprios pais, vindo, desse modo, a uma perpetuação da violência por meio de sua prole. Essa será a herança da qual o eu poderá não conseguir se libertar, vindo a repeti-la indefinidamente como forma de administrar seus investimentos pulsionais. Nesse caso, o eu permanecerá capturado por esse modo de relacionar-se com o outro e, assim, buscará combater sempre a constatação de diferença própria ao campo da alteridade. O que foi dirigido a ele é, agora, dirigido ao outro.

> A violência da tentativa de negar o outro em sua diferença denuncia a precariedade de sua capacidade de investir. Esse prejuízo repetido atualiza as fraturas no processo de constituição narcísica, e evidencia, assim, a violência traumática que passa a reproduzir-se no campo alteritário, ou seja, no encontro entre o eu e os objetos (Dockhorn; Macedo, 2016, p. 152-153).

Winnicott (1945/1993) menciona que um bebê que não teve uma pessoa que lhe juntasse os pedaços inicia em desvantagem a sua tarefa de autointegração, e talvez nunca consiga realizá-la, ou apresente dificuldade em fazê-lo de maneira autoconfiante. A vivência de indiferença refere-se a um desencontro primordial no qual predomina dramaticamente o não reconhecimento da diferença que a existência do outro aporta. Nesse registro inaugural precário a criança se vê prisioneira de um registro mudo, no entanto com força motriz de indiferença (Moraes; Macedo, 2011). Trata-se de um dano psíquico decorrente da usurpação do direito infantil de existir.

As autoras abordam uma manifestação da expressão dessa modalidade de sofrimento, o ato-dor, como se fosse uma memória da dor de indiferença. Ao ficar fraturado em seus recursos emocionais, o sujeito não consegue administrar o efeito da intensidade no si mesmo. É por meio do ato-dor que o desamparo psíquico é denunciado.

O caráter de excesso da vivência de indiferença não permite que as intensidades vividas encontrem vias de representação simbólica, sendo exposto por Moraes e Macedo (2011) como um padecimento situado aquém do processo de representação psíquica. Devido às falhas no processo de narcisização, o sujeito se vê impossibilitado de realizar inscrições de confiança em cujo encontro com o semelhante está a matriz de garantia; desse modo não credita confiança nos domínios da alteridade.

A sensação de ser amada proporciona à criança a possibilidade de constituição do narcisismo positivo e a crença no amor objetal. A ausência de perturbações e a boa qualidade dos cuidados maternos são necessárias nesse período estruturante para a organização psíquica da criança.

A vivência de indiferença pode ser compreendida como um desencontro primordial, do qual resulta o predomínio de um desconhecimento a respeito de si mesmo. Moraes e Macedo (2011) afirmam que como efeito desse encontro traumático instala-se uma matriz reprodutiva das intensidades atordoantes experienciadas pelo sujeito (Dockhorn; Macedo, 2016).

Não se trata, portanto, de um eu desestruturado, mas de um eu permanentemente ameaçado pela diferença que a presença do outro aporta. O eu se manterá capturado nesse modo de se relacionar com o outro, e, por isso, buscará combater a constatação da diferença própria no campo da alteridade. Tal repetição atualiza as fraturas no processo de constituição narcísica evidenciando a fratura traumática que passa a se reproduzir no campo alteritário, isto é, no encontro entre o eu e os objetos. Nesse sentido, a insuficiente diferenciação sujeito/objeto ameaça o sujeito na garantia de sua continuidade ante a ausência do objeto: ao mesmo tempo que ela ameaça o sujeito quanto à sua integridade perante a presença do objeto (Savietto, 2010, p. 25). Desse modo, vemos emergir com força total conteúdos inconscientes e marcas sem inscrição que são transmitidas ao recém-chegado membro da família. A criança é atravessada pela história que a precede e a atravessa, assim como pelas lacunas dessa história (Inglez-Mazzarella, 2006).

III.4 – O trauma da indiferença no ambiente da família

O modo relacional transmitido aos filhos pode ser favorável ou constituir um entrave à construção identitária. Não se deve olvidar que o amor parental é propagado de geração em geração. O ventre materno é o lugar de constituição do corpo do bebê, assim como gerador de elementos fundamentais na constituição da realidade psíquica da criança. O dentro do corpo da mãe e o investimento parental criam um espaço psíquico para a criança existir, no qual as heranças afetivas são introjetadas. A mãe só será capaz de transmitir a partir de seu próprio modo de funcionamento. Desse modo, os elementos caóticos de sofrimento que não encontram possibilidade de expressão na mãe podem ser obstáculo, de diferentes modos (dependendo da singularidade de cada história psíquica) à qualidade da constituição de um universo intrapsíquico e de uma realidade afetiva a partir das redes de significação aprendidas em sua história (Adesse, 2019).

A indiferença na perspectiva da psicanálise se insere no campo do traumático e diz respeito à questão do excesso pulsional e dos limites da representação, apontando para a presença de impressões psíquicas que escapam ao circuito representacional do psiquismo do sujeito. No cenário da indiferença, a intensidade pode condenar ao recurso-limite da evacuação dessas intensidades excessivas, traumáticas.

O conceito de trauma está relacionado com o excesso de excitação no aparelho psíquico. "A inundação do aparelho psíquico com grandes quantidades de estímulo não pode ser detida; faz-se necessária, antes, outra tarefa, a de dar conta do estímulo, de ligar psiquicamente as quantidades de estímulo invasoras, para então despachá-las" (Freud, 1920, p. 85). Considerando-se que a concepção de trauma se refere ao valor conferido àquilo que é efetivamente experienciado num cenário de excesso, Moraes e Macedo (2011) apresentam uma leitura sobre essa noção, cujo ponto de ancoragem é a "vivência de indiferença", entendida como violência psíquica imposta à criança por parte de um adulto em um tempo primordial da estruturação do psiquismo. As autoras concebem a indiferença como o oposto da capacidade de amar, algo que mutila o direito de existir, o caráter de excesso da experiência de indiferença fazendo com que as intensidades vividas não encontrem vias de expressão simbólica. Entende-se o traumático da vivência de indiferença como "o alicerce que dá sustentação e estrutura a uma singular forma de padecimento psíquico" (Moraes; Macedo, 2011).

Encontramos certa ressonância teórica entre as proposições das autoras mencionadas com algumas formulações de Green (1988) quando este ressalta que o desamparo psíquico da criança é a angústia mais temível e mais temida, aquela cujo retorno deve ser evitado a qualquer preço. A falta de apoio do outro se faz angustiante principalmente por conta do caráter desorganizador das tensões libidinais existentes no desamparo psíquico da criança, efeito de um encontro traumático. "A ameaça aqui incide sobre as primeiras matrizes de organização do ego, cujas construções precárias resistem mal à inundação libidinal" (Green, 1988, p. 83). A vivência de indiferença como processo de desencontro primordial apresenta como um de seus principais efeitos o predomínio do desconhecimento a respeito de si próprio. A intensidade da indiferença experimentada interfere no acesso a um processo de diferenciação e autonomia da criança. Esse primeiro tempo de suas vivências confere impactos inevitáveis no alicerce da construção do eu. Nesse caso, o outro, que ocuparia o lugar do cuidador nesse encontro inaugural, na vigência das instabilidades e das ambiguidades, deixa o eu à mercê das intensidades.

Ao condenar o psiquismo à repetição do singular excesso histórico experimentado, a vivência de indiferença encontra, na forma de repetição em ato, uma via privilegiada de invasão de intensidades no *infans*, ato que corresponde à vigência do excesso pulsional. Isso resulta, sob diferentes manifestações – dependendo da singularidade do psiquismo de cada sujeito –, na expressão de um vivido de dor psíquica. Conforme destacado por Moraes e Macedo (2011, p. 47), "A incapacidade de reconhecimento de sua demanda por parte do outro faz com que o sujeito reproduza uma inaptidão para administrar seu próprio capital pulsional". O eu fica à mercê das intensidades, assim a dor psíquica que se encontra na matriz de indiferença usurpa do sujeito o direito de ser em sua diferença, impossibilitando que ele aceite o que representa a alteridade.

Em seu aporte teórico, Ferenczi (1933) destaca que a desesperança provocada pelo trauma submete a vítima à vontade do agressor, fazendo com que a criança lhe obedeça e esqueça-se de si mesma, identificando-se totalmente com ele. O autor destaca que o trauma do abandono afetivo remete à violência do abuso da extrema frieza e indiferença que pode ser considerada o equivalente ao infanticídio; tais crianças "veem-se física e psiquicamente indefesas e sem a possibilidade de protestar, mesmo em pensamento, diante da força e da autoridade esmagadora dos adultos que a emudecem" (Schor, 2017, p. 100). Assim, ao atingir seu ponto culminante, a desesperança provocada pelo trauma faz com que as vítimas se esqueçam de si mesmas. A consolidação de sua identidade fica comprometida, pois não conseguindo ganhar distância do que foi vivido na infância não conseguem conquistar autonomia, dificultando a elaboração de um novo sentido que dê conta da experiência emocional vivida. Os traumas em tenra idade podem culminar no distanciamento da vida emocional devido às defesas erguidas ao não haver recursos para o reconhecimento do que, dentro de si, não encontra espaço para ser representado, por não haver amadurecimento psíquico para acolher as experiências traumáticas iniciais.

Considerando o desamparo e a insegurança que inauguram a existência do ser humano, a ausência de cuidado afetivo pode ser vivenciada internamente como intensidades inomináveis, ameaças que fazem com que o mundo externo venha a ser percebido psiquicamente como atacante. Desse modo, o ego se encontra, muitas vezes, assombrado por seus objetos internos. As fraturas nas relações com os objetos de amor tendem a gerar um sentimento em que dominam a desconfiança, temor, intolerância, vingança, inveja e ressentimento atualizados, os quais denunciam, de certa maneira e sob diferentes vertentes – haja vista a dimensão de singularidade de cada sujeito –, a qualidade do que foi experimentado como vivência inaugural (Moraes; Macedo, 2011).

Na perversão moral, essa relação entre a constituição narcísica e as organizações defensivas perversas se configura como modalidade de resposta diante de um fechamento no amor de si mesmo no qual não há reconhecimento da diferença: trata-se, na base dessa modalidade de resposta, de uma recusa da alteridade. São sujeitos profundamente feridos em seu narcisismo, marcados pela necessidade imperativa de assujeitar o outro para afirmar que só há lugar para si mesmo. Tal recusa reforça a base narcísica de sua dinâmica psíquica, na qual "está em ação uma atividade mortífera que visa a todo custo à anulação da alteridade, à recusa ativa da autonomia narcísica do objeto" (Cardoso; Vale, 2016, p. 87).

Na perversão moral, no que tange ao modo de funcionamento desses sujeitos, o prazer é obtido por meio da destituição do outro de seu valor subjetivo. Tudo se dá em prol de sua supervalorização a expensas do outro, como um predador rumo à destruição da identidade alheia, exercida por meio de uma predação moral, por um ataque e invasão do espaço mental de sua vítima-cúmplice (Eiguer, 1989), desvalorizando-a e desqualificando-a até que se veja destituída de seu próprio valor. Assim, o perverso narcísico estabelece uma relação desumanizada e baseada numa indiferença.

Devido às falhas graves na representação do eu, esse perfil de agressor apresenta acentuado comprometimento psíquico que o faz elevar suas defesas e o impede de estabelecer vínculos afetivos autênticos. Portador de um repertório emocional precário e limitado, foi afetado nas bases de sua constituição narcísica num tempo fundante de seu psiquismo. As interações com seus cuidadores primordiais foram de ordem traumática.

O vínculo, um tipo particular de relação com o objeto que confere sustentação psíquica, se dá por meio de influência recíproca no entrelace de inconscientes na relação da criança com seu primeiro objeto de amor. Sendo a maternidade um processo que ocorre juntamente ao processo de constituição do bebê, a influência dos conteúdos não elaborados transmitidos pelas gerações anteriores acaba por abalar a qualidade da relação do provedor afetivo com a criança. Desse modo, tanto os conflitos psíquicos sofridos no percurso subjetivo quanto a transmissão psíquica transgeracional compõem esse quadro clínico.

Neste capítulo propomos pensar a violência moral pondo ênfase na relação mãe-bebê, ressaltando o desamor como experiência inaugural nessa relação com o objeto primário articulando a problemática da perversão narcísica às vivências de indiferença. Pensando os processos de subjetivação, colocamos em destaque o desinvestimento afetivo excessivo e contínuo por parte dos cuidadores, interiorizado pelo infante como algo irrepresentável, inviabilizando a identificação do sofrimento imputado.

O que se revela como violência moral em nosso recorte não pode ser percebido como um ataque direto, mas a violência indefectível de pais "gentilmente narcísicos" exercida sob o véu da gentileza, repercutindo no psiquismo do sujeito como um desencontro afetivo brutal equivalente ao infanticídio psíquico.

CONSIDERAÇÕES FINAIS

DO QUE SE TRATA A VIOLÊNCIA DE PAIS GENTIS?

Ao longo de nosso percurso exploramos os conceitos psicanalíticos que nos auxiliaram a colocar em evidência uma modalidade de violência à qual buscamos dar maior visibilidade: a violência moral, particularmente quando exercida no contexto da família por parte de pais ou de cuidadores. Trata-se de um ambiente que deveria ser provedor de amor e proteção, mas que se apresenta como veiculador de grave experiência de sofrimento.

Buscamos traçar articulações entre a violência moral e a noção de perversão narcísica por meio da contribuição de vários autores destacando elementos importantes dentro dessa problemática. Iniciamos nossa investigação a partir da explanação sobre as ideias de determinados autores as quais deram origem à noção de perversão narcísica tendo em vista igualmente alguns desdobramentos dessa noção e suas redefinições. O aporte teórico da Psicanálise, nesse contexto, nos serviu de sustentação teórica, considerada a dimensão singular de cada sujeito na formação dessa modalidade de saída subjetiva em seu psiquismo, saída defensiva em relação às intensidades que, nesse caso, parecem ter invadido o aparelho psíquico.

Para elaborar nossas proposições teóricas recorremos a Racamier, autor que pode ser considerado precursor da referida noção, considerando esse modo de funcionamento como uma forma organizada de o eu se defender de dores e conflitos internos extremos na tentativa, inclusive, de escapar, no limite, de um quadro de psicose. Conforme as proposições de alguns dos autores cujas ideias trabalhamos em nosso estudo, a perversão narcísica seria um dos possíveis destinos da "loucura".

Dando sequência à nossa investigação constatamos a menção de alguns dos autores citados à manipulação exercida pelo agressor ao submeter sua vítima a uma escravidão psicológica, tornando-a seu cúmplice. Na relação com o outro, o agressor se beneficiaria da vulnerabilidade alheia, envolvendo a vítima numa teia de atenções até que o outro entre em estado de confusão mental, sem oferecer resistência, sendo assim subjugado. Desse modo, o perverso narcísico exerce domínio e controle sobre o objeto, enquanto este se crê sendo cuidado e amado. Ao analisarmos a relação de domínio mediante a perversão, identificamos a presença da sedução narcísica como estágio inicial, o qual prepara o estado de servidão psicológica do outro. Essa manobra objetiva de estabelecer uma fusão com a vítima configura uma relação de tipo alienante, que fomenta no objeto o sentimento de impossibilidade de separação de seu agressor. Na sedução perversa vislumbramos a introdução de uma situação de violência moral.

A partir da apresentação do histórico da noção de perversão narcísica buscamos destacar as contribuições de Eiguer e Hirigo-yen, dentre outros, que nos apresentam os contornos violentos e traumáticos que parecem fazer parte da constituição psíquica do agressor, assim como o caráter patológico de seu modo relacional. Nosso interesse por essa problemática se assenta, dentre outras determinações, na relevância que ela possui na atualidade, tendo em vista os variados contextos em que se pode observar atuações agenciadas por esse tipo de agressor.

Em seguida, exploramos a dimensão narcísica implicada na perversão para pensarmos a gênese dessa patologia, destacando de que maneira as falhas ambientais no plano da relação primária podem incorrer na possibilidade de ativar seu potencial patológico. Nesse sentido, compreende-se que a criança necessita inicialmente, de modo absoluto, da presença do outro, ou seja, do investimento e cuidado de um adulto investido psiquicamente, condição para a constituição de sua subjetividade. Para realizarmos essa vertente da pesquisa, analisamos a questão do ódio, na perspectiva psicana-lítica, como protagonista do processo de estruturação psíquica do eu. Sublinhamos o papel desempenhado pelo ódio no psiquismo como força potencial a serviço da constituição do ego. O ódio seria necessário à separação mãe-bebê permitindo à criança lograr a fase de integração. Nesse estágio o ódio não seria destrutivo, mas concerniria a uma conquista de seu desenvolvimento emocional estabelecendo as fronteiras eu/outro, dentro/fora e os limites do eu/não-eu. A capacidade de odiar, nesse contexto, representa uma conquista intrínseca para o bebê em seu processo de desenvolvimento sendo não somente necessário, sendo dele constituinte. Uma vez que o infante não tem condições de se constituir sozinho física ou emocionalmente, cabe à mãe ou ao cuidador a tarefa de modular e transformar as más experiências da criança, fazendo-a vivê-las em clima de segurança amorosa. Desse modo, o ódio pode perder o caráter ameaçador da relação, podendo ser reconhecido como próprio de si, não tendo que ser lançado para fora.

De acordo com Freud (1915), o amor, para ser autêntico, precisa integrar o ódio. Em anuência com tal premissa, Jeammet (1991) mostra que não se trata da exclusão de um pelo outro, mas de uma fecundação recíproca. O ódio, antes de ser destruidor, seria separador. Freud (1915) apresenta o par amor-ódio como oposto da indiferença, esta estando ligada ao ódio mediante a aversão ao objeto externo.

Na tentativa de dar conta de uma desestabilização na dinâmica pulsional interna ao seu psiquismo, o sujeito agressor estabelece uma relação marcada pela dependência na relação com o outro, pois na impossibilidade de uma dominação por parte de seu eu das excitações internas, um domínio será exercido sobre o objeto externo.

Quanto ao processo de constituição psíquica, tópico que analisamos na busca de melhor conhecer as bases essenciais em jogo em nossa problemática central, nos detivemos em algumas afirmações de Winnicott (1993/2011). Este salienta a experiência compartilhada entre mãe-bebê estabelecida por meio de um olhar mútuo, o que o autor denomina mutualidade. Essa formulação se articula com o aporte teórico de Roussillon (2008), que desenvolve a ideia de homossexualidade em duplo, buscando igualmente sublinhar a questão da constituição do narcisismo primário, descrevendo o papel de duplo do outro primordial, o qual se oferece como espelho para refletir e partilhar os estados afetivos do bebê sem com ele se fundir. A reflexividade presente na relação do bebê com o objeto primário seria uma das bases do narcisismo da criança.

Levando em conta a experiência subjetiva da maternidade e seus possíveis destinos, nosso trabalho destaca a experiência psíquica, inconsciente, da figura materna que pode ser vivenciada e transmitida ao filho, em determinados casos, como insuportável. A precariedade estabelecida no vínculo psíquico mãe-bebê impede a capacidade da mãe de se identificar com seu bebê, impossibilidade de ela exercer e desempenhar sua função de cuidado. Na ausência de investimento e de atenção à existência da criança abre-se espaço ao que se configura como modalidade de violência brutal, exercida, por exemplo, por meio da falta de interesse pela criança.

No terceiro capítulo do livro, procuramos sublinhar o fato de nem todas as mães possuírem recursos psíquicos suficientes para levar à prática sentimentos ternos endereçados ao filho. No que concerne aos elementos metapsicológicos que fundamentam os aspectos narcísicos próprios à perversão, salientamos na função materna a dimensão de revivência do narcisismo primitivo dos pais, elemento-chave no tipo de luta interna no psiquismo do sujeito perverso narcísico.

Considerando a dimensão simbólica da maternidade, Jeammet (1991) propõe a noção de identificação simultânea, na qual a maternidade introduz uma dialética entre o bebê interno e o bebê como objeto externo, o que se traduz no bebê que a mãe foi e o bebê do qual ela cuida; identificação simultânea que diz respeito à relação da mulher com sua própria mãe, no período em que esta dela se ocupava. Essa formulação remete ao fato de o nascimento de um filho acarretar significativas transformações no psiquismo dos pais e isso de forma irreversível. Ao pensarmos a responsabilidade psíquica e afetiva da mulher/cuidador, não podemos negligenciar o caráter arriscado e precário de identificação desta com sua própria mãe. Nesse sentido, a instabilidade psíquica e emocional da mulher no período de preocupação materna primária, no qual ela se perde na identificação com seu bebê, aponta para o risco de um desencontro e da alteridade que habitam a problemática dos vínculos afetivos os quais comportam elementos transmitidos ao longo das gerações.

Detivemo-nos nas ideias desenvolvidas por Moraes e Macedo para abordarmos a vivência de indiferença, situação marcada pela incapacidade do objeto primordial de dirigir um olhar amoroso à criança. A noção de indiferença entra em cena em articulação com os múltiplos elementos envolvidos no processo de constituição subjetiva, uma vivência do sujeito referida ao desencontro primordial. Uma vez que a concepção de trauma está relacionada ao valor conferido àquilo que é efetivamente vivenciado num cenário de excesso, Moraes e Macedo (2011) trazem uma leitura sobre o trauma, cujo ponto de ancoragem é a "vivência de indiferença", entendida como violência psíquica imposta à criança, por parte de um adulto, em um tempo primordial da estruturação do psiquismo.

Chegamos, então, ao elemento mais central de nosso estudo, ou seja, a questão da violência exercida na família, ressaltando a violência moral de pais "gentilmente narcísicos", o que diz respeito à dimensão narcísica presente na violência exercida na relação com o outro tendo o registro da indiferença como ponto de ancoragem. Baseando-nos no estudo realizado por Jeammet (2001) somos convocados a refletir sobre certas violências que se exercem num ambiente supostamente amoroso e pacífico.

Nesses casos, objeto especial de nosso interesse de pesquisa, trata-se de cuidadores que não são violentos por baterem, agredirem ou usarem palavras hostis, mas por não manifestarem real interesse por seus filhos. O que torna mais dificultoso o reconhecimento dessa modalidade de agressão é o fato, nessas situações particulares, de a criança possuir, com frequência, pais supostamente devotados e de boa-vontade. Contudo, o que está em jogo, muitas vezes encoberto por uma suposta gentileza relacional dos pais, é uma impossibilidade de viver qualquer conflito interno.

A violência oculta sob a capa de bons sentimentos é uma atuação invisibilizada, que impossibilita a responsabilização dos autores dos danos causados, bem como o reconhecimento da agressão sofrida pelos filhos. Trata-se de uma violência que não é conscientemente reconhecida por quem a exerce, os genitores adotam essa modalidade de relacionamento patológico na busca de asseguramento de sua própria bondade pelo medo inconsciente de ser atacado ou abandonado pela criança. Um dos elementos aqui em jogo é o desejo da construção de uma imagem ideal de si.

A violência perversa nas famílias, malignidade difícil de ser detectada, tende a ter caráter transgeracional no que concerne às suas determinações inconscientes, provenientes de dificuldades existenciais internas da figura materna. Com frequência os sujeitos agredidos sequer tomam consciência da agressão sofrida e, consequentemente, não se desvencilham do ambiente abusivo permanecendo inaptos a reconhecer seus reais opressores. A aparente gentileza dos pais leva as pessoas que os cercam a vê-los como cuidadores amorosos e dedicados. Assim, o desmentido dessa violência legitima a violência parental.

Na relação mãe/filho, esse relacionamento patológico é, muitas vezes, pouco reconhecido e aceito devido ao lugar quase inarredável do sagrado que as mães ocupam no imaginário social. A lógica cultural, por sua vez, induz ao erro por incutir o pensamento de que crianças providas materialmente não seriam residentes em lares inóspitos. Nesses casos, o desinteresse tende a ir afetando o infante aos poucos, a mãe, ou cuidador, se retira da relação estabelecendo congelamento afetivo, produtor de um apagamento silencioso do outro, toxicidade que é veiculada pela vivência de indiferença.

A especificidade desses atos de violência é justamente sua invisibilidade e indefectibilidade, pois a violência perfeita é aquela que não pode ser reconhecida como tal. A gentileza, nesse contexto, impede uma comunicação real, feita de acolhimento, assim como de abertura ao confronto e ao conflito. Concebemos a indiferença como o oposto da capacidade de amar, algo que mutila o direito de existir, o caráter de excesso da experiência de indiferença faz com que as intensidades vividas não encontrem vias de expressão simbólica. Consideramos o desamor como modalidade de violência irrepresentável para o infante, uma forma singular de padecimento psíquico. O trauma oriundo do abandono afetivo remete à violência do abuso da extrema frieza e indiferença, o que, no limite, pode ser considerado como equivalente a um infanticídio.

O que nesta pesquisa pensamos ter explorado como elemento de maior relevância foi a violência do desamor. Essa modalidade de violência moral nos ajuda a retirar da invisibilidade esse fenômeno, pontuando como os lares aparentemente funcionais e amorosos podem ocultar uma violência aniquiladora do sujeito manifesta por meio do desinvestimento afetivo. Buscamos evidenciar o fenômeno da violência de pais "gentilmente narcísicos", no sentido de explorar alguns dos principais elementos que embasam essa problemática, dando visibilidade a ela. O desamor seria para o infante uma experiência de morte que inaugura uma cicatriz narcísica cujo desfecho pode vir a ser um estado de anestesia emocional suscetível de comprometer de forma definitiva a qualidade de suas relações objetais, no plano interno como no plano externo.

REFERÊNCIAS

ADESSE, D. B. *Maternidade e trauma; da loucura materna ordinária à extraordinária*. Tese (Doutorado em Teoria Psicanalítica) – UFRJ, 2019.

ANGELERQUES, Jacques; KARNEL, François. Argument. *Revue Française de Psychanalyse*, Paris: PUF, v. 67, n. 3, 2003.

ARIOCHA, Andrey Zvyagintsev (diretor) (2017). *Sem amor*. Produção: Alexander Rodnyansky, Sergey Melkumov, GlebFetisov. Local: Rússia. Produtora: Ano de Produção: 2017. Lançamento: 8 de fevereiro de 2018.

BADINTER, E. *Um amor conquistado*: o mito do amor materno. Rio de Janeiro: Nova Fronteira, 1985.

BADINTER, E. *O conflito entre a mulher e a mãe*. Rio de Janeiro: Record, 2011.

BIRMAN, J. *Por uma estilística da existência*: sobre a psicanálise, a modernidade e a arte. São Paulo: Ed. 34, 1996.

BIRMAN, J. et al. *Amar a Si Mesmo e Amar ao Outro*. Narcisismo e Sexualidade na Psicanálise Contemporânea. São Paulo: Zagodoni, 2016.

BYDLOWSKI, M. O olhar interior da mulher grávida: transparência psíquica e representação do objeto interno. *In*: CORRÊA FILHO, L.; CORRÊA GIRADE, M. H.; FRANÇA, P. (org.). *Novos olhares sobre a gestação e a criança até 3 anos*: saúde perinatal, educação e desenvolvimento do bebê. Brasília: L. G. E. Editora, 2002.

BYDLOWSKI, M. Las representaciones inconscientes durante el embarazo. *In*: BYDLOWSKI, M. *La deuda de vida*: itinerário psicoanalítico de la maternidad. Espanha: Biblioteca Nueva, 2007. p. 75-124.

CARDOSO, M. R.; VALE, A. L. *Recusa da diferença e segregação do outro nas perversões*. Rio de Janeiro: Appris, 2016.

CARDOSO, M. R.; VALE, A. L. Sua majestade o perverso: domínio e onipotência nas perversões. *Psicologia USP*, v. 31, e180138, 2020.

CRESPIN, G. *A clínica precoce*: o nascimento do humano. São Paulo: Casa do Psicólogo, 2004.

DAVIS, M.; WALLBRIDGE, D. *Limite e espaço*. Rio de Janeiro: Imago, 1982.

DE OLIVEIRA, M. C. de. Brincar: mutualidade em jogo. *Winnicott e-prints*, São Paulo, v. 1, n. 2, p. 1-14, 2006. Disponível em: http://pepsic.bvsalud.org/scielo.php?script=sci_arttext&pid=S1679- 432X2006000200003&lng=pt&nrm=iso. Acesso em: 9 abr. 2022.

DIAS, E. *A teoria do amadurecimento de D. W. Winnicott*. São Paulo: DWW Editorial, 2017.

DOCKHORN, C. N. B. F.; MACEDO, M. M. K. *A indiferença e a servidão*: alterações nos domínios de Narciso. São Paulo: Zagodoni, 2016. p. 151-161.

DOREY, R. La relation d'emprise. *Nouvelle Revue de psychanalyse*, v. 24, p. 117-139, 1981.

EFKEN, P. H. de O. *Crueldade*: domínio, indiferença e alteridade. Dissertação (Mestrado em Teoria Psicanalítica) – Rio de Janeiro: UFRJ/IP, 2014, 81 f.

EIGUER, A. *Le cynisme pervers*. Paris: L' Harmattan, 1995.

EIGUER, A. *Le pervers-narcissique et son cumplice*. Paris: Dunod, 1989.

EIGUER, A. *Pequeno tratado das perversões morais*. Lisboa: Climepsi, 1999.

EIGUER, A. *Des perversions sexuelles aux perversions morales*: la jouissance et la domination. Paris: Odile Jacob, 2001.

EIGUER, A. A perversão narcísica, um conceito em evolução. *Revista Brasileira de Psicanálise*, v. 48, n. 3, p. 93-104, 2014.

FERENCZI, S. A criança mal acolhida e a pulsão de morte. *In*: DUPONT, J. (org.). *Obras completas de Sándor Ferenczi*. Vol. 4. São Paulo: Martins Fontes, [1929] 2020. p. 55-60.

FERENCZI, S. Reflexões sobre o trauma. *In*: DUPONT, J. (org.). *Obras completas de Sándor Ferenczi*. Vol. 4. São Paulo: Martins Fontes, [1933] 2020. p. 109-117.

FERRAZ, F. C. *Perversão*. São Paulo: Casa do Psicólogo, 2010.

FIGUEIREDO, L. C. *A psicanálise*: caminhos no mundo em transformação. São Paulo: Escuta, 2018.

FREUD, S. *Obras completas. Volume 12*: Sobre o narcisismo. Tradução de Paulo César de Souza. 6. reimp. São Paulo: Companhia das Letras, [1914] 2018.

FREUD, S. Edição *Standard* Brasileira de Obras Psicológicas Completas de Sigmund Freud. Rio de Janeiro: Imago, 2008.

FREUD, S. *A Pulsão e seus destinos*, v. XIV, p. 115-144, 1915.

FREUD, S. *A negativa*, v. XIX, p. 263-269, 1925.

FREUD, S. *Obras completas. Volume 18*: O mal-estar na civilização (1930), novas conferências introdutórias à psicanálise e outros textos. Tradução de Paulo César de Souza. 7. reimp. São Paulo: Companhia das Letras, 2018.

GOLSE, B.; BYDLOWSKI, M. Da transparência psíquica à preocupação materna primária: uma via de objetalização. *In*: CORRÊA FILHO, L.; CORRÊA GIRADE, M. H.; FRANÇA, P. (org.). *Novos olhares sobre a gestação e a criança até 3 anos*: saúde perinatal, educação e desenvolvimento do bebê. Brasília: L.G.E. Editora, 2002.

GOLSE, B. *L'être-bébé*. Paris: PUF, 2006.

GRANJON, E. A elaboração do tempo genealógico no espaço do tratamento da terapia familiar psicanalítica. *In*: CORREA, Olga (org.). *Os avatares da transmissão psíquica geracional*. São Paulo: Escuta, 2000. p.17-43.

GREEN, A. *Narcisismo de vida, narcisismo de morte*. São Paulo: Editora Escuta, [1988] 2011.

GREEN, A. *O complexo de castração*. Rio de Janeiro: Imago, 2011.

GREEN, A. *Pourquoi les pulsions de destruction ou de mort?* Paris: Éditions du Panama, 2007.

GUTIERREZ, D. M. D.; PONTES, K. D. S. Vínculos mãe-filho: reflexões históricas e conceituais à luz da psicanálise e da transmissão psíquica entre gerações. *Rev. NUFEN*, São Paulo, v. 3, n. 2, p. 3-24, dez. 2011. Disponível em: http://pepsic.bvsalud.org/scielo.php?script=sci_arttext&pid=S2175-25912011000200002&lng=pt&nrm=iso. Acesso em: 3 jan. 2022.

HIRIGOYEN, M. F. *Assédio moral:* a violência perversa no cotidiano. Rio de Janeiro: Bertrand Brasil, [1998] 2014.

HIRIGOYEN, M. F. *Abuso de fraqueza e outras manipulações.* Rio de Janeiro: Bertrand Brasil, [2012] 2015.

HORNSTEIN, L. *Narcisismo:* Autoestima, identidade, alteridade. São Paulo: Via Lettera, 2009.

HURNI, M.; STOLL, G. *La Haine de l' amour:* la perversion du lien. Paris: L'Harmattan, 1996.

INGLEZ-MAZZARELLA, T. *Fazer-se herdeiro*: a transmissão psíquica entre gerações. São Paulo: Escuta, 2006.

JEAMMET, N. *O ódio necessário.* Lisboa: Editorial Estampa, 1991.

JEAMMET, N. *Les violences morales.* Paris: Éditions Odile Jacob, 2001.

JEAMMET, P. Le passage à l'acte. *Imaginaire & Inconscient,* n. 16, p. 57-63, 2005.

JERUSALINSKY, J. *Enquanto o futuro não vem*: a psicanálise na clínica interdisciplinar com bebês. Salvador: Ágalma, 2002.

KHAN, M. M. R. *Alienación en las perversions.* Buenos Aires: Nueva Visión, 1987.

LAZNIK, M.-C. *A voz da sereia:* o autismo e os impasses na constituição do sujeito. Salvador: Ágalma, 2004.

LEBOVICI, S. *O bebê, a mãe e o psicanalista.* Porto alegre: Artes Médicas, 1987.

LEVIN, E. *A clínica psicomotora*: o corpo na linguagem. Petrópolis, RJ: Vozes, 1995.

MANCEL, S. La violence insidieuse. *Cahiers de Gestalt-thérapie,* n. 20, p. 207-224, 2007. Disponível em: URL: https://www.cairn.info/revue-cahiers-de-gestalt-therapie-2007-1-page-207.htm. Acesso em: 1 jun. 2023.

MARTINS, A. Uma violência silenciosa: considerações sobre a perversão narcísica. *Cadernos de Psicanálise-CPRJ*, Rio de Janeiro, ano 31, n. 22, p. 37-56, 2009.

MC DOUGALL, J. *As múltiplas faces de Eros*: uma exploração psicanalítica da sexualidade humana. São Paulo: Martins Fontes, 1997.

MORAES, E. G.; MACEDO, M. M. K. *Vivência de indiferença*: do trauma ao ato-dor. São Paulo: Casa do Psicólogo, 2011.

MOREIRA, J. de O. Do problema da alteridade no pensamento freudiano: uma construção. Ágora: Estudos em Teoria Psicanalítica, v. 6, n. 2, 2003, p. 251-270. Disponível em: https://doi.org/10.1590/S1516-14982003000200005. Acesso em: 30 dez. 2021.

RACAMIER, P. C. *Le génie des origines*. Paris: Payot, 1986.

RACAMIER, P. C. De la perversion narcissique. *Gruppo, Revue de psychanalyse groupale*, n. 3, p. 11-27, 1987.

RACAMIER, P. C. *Pensée perverse et décervelage*. In Grupo 8, 1992.

RACAMIER, P. C. *Les perversions narcissiques*. Paris: Payot & amp; Rivages, 2012.

ROUSSILLON, R. *Paradoxes et situations limites de la psychanalyse*. Paris: PUF, 1991.

ROUSSILLON, R. L' entreje(u) primitif et l'homossexualitéprimaire "en Double". *In:* ROUSSILLON, R. *Le jeu et l' entre-je(u)*. Paris: P.U.F., 2008. p. 117-134. Disponível em: http://pepsic.bvsalud.org/scielo.php?script=sci_nlinks&ref=712704&pid=S1415-712820140001 0000600006&lng=pt. Acesso em: 22 out. 2020.

SANTOS, M. A. A constituição do mundo psíquico na concepção winnicottiana: uma contribuição da clínica das psicoses. *Psicol. Reflex. Crit.*, v. 12, n. 3, 1999. Disponível em: https://doi.org/10.1590/S0102-79721999000300005. Acesso em: 27 abr. 2022.

SAUSSE, S. K. A mulher do perverso narcísico. *Revista Francesa de Psicanálise*, v. 67, p. 925-942, 2003.

SAVIETTO, B. B. *Drogadicção na juventude contemporânea*: a "intoxicação" pelo outro. Tese (Doutorado em Teoria Psicanalítica) – UFRJ/IP, 2010, 173 f.

SCHOR, D. *Heranças invisíveis do abandono afetivo*. São Paulo: Blucher, 2017.

SLUZKI, C. Violencia familiar y violencia politica. *Nuevos paradigmas, cultura y subjetividad*. Buenos Aires: Paidos, 1994.

STEPHANATOS, G. *De lahainenecéssaire à laclôturetotalitairedusens*, n. 122, p. 22-44, 2013.

STERN, D. *O mundo interpessoal do bebê*. Porto Alegre: Artes Médicas, 1992.

STERN, D. *A constelação da maternidade*. Porto Alegre: Artes Médicas, 1997.

VALE, A. *Trauma, domínio e passividade nos atos de violência sexual*. Dissertação (Mestrado) – UFRJ, Rio de Janeiro, 2014.

WATZLAVICK, P. *Pragmáticas da comunicação humana*: um estudo dos padrões, patologias e paradoxos interacionais. São Paulo: Cultrix, [1967] 2007.

WINNICOTT, D. W. O desenvolvimento emocional primitivo. *In*: WINNICOTT, D. W. *Da pediatria à psicanálise*. Obras escolhidas. Tradução de Davy Bogomoletz. Rio de Janeiro: Imago, 2000.

WINNICOTT, D. W. *O ambiente e os processos de maturação*. Porto Alegre: Artmed, 1983.

WINNICOTT, D. W. O primeiro ano de vida. Concepções modernas do desenvolvimento emocional. In: WINNICOTT, D. W. *A família e o desenvolvimento individual*. São Paulo: Martins Fontes, [1993] 2011.

WINNICOTT, D. W. *A família e o desenvolvimento individual*. São Paulo: Martins Fontes, 2013.

WINNICOTT, D. W. *Bebês e suas mães*. São Paulo: Ubu, 2020.

WINNICOTT, D. W. *A criança e seu mundo*. Rio de Janeiro: LTC, 2021.

ZORNIG, S. M. A.-J. Tornar-se pai, tornar-se mãe: o processo de construção da parentalidade. *Tempo psicanalítico*, Rio de Janeiro, v. 42, n. 2, p. 453-470, 2010.

ZORNIG, S. M. A.-J. Clínica dos primórdios e processos de simbolização primários. *Psicol. clin.*, Rio de Janeiro, v. 27, n. 2, p. 121-136, 2015. Disponível em: http://pepsic.bvsalud.org/scielo.php?script=sci_arttext&pid=S0103-56652015000200007&lng=pt&nrm=iso. Acesso em: 26 jul. 2022.